철학자가 들려주는 철학 이야기 031~040권

아비투어 철학 논술 4

●

초급편

철학자가 들려주는 철학 이야기

아비투어 철학 논술 4

ⓒ 유성선, 박은홍, 최지윤, 이정배, 소병일, 김광식, 2011

초판 1쇄 발행일 | 2011년 3월 18일
초판 2쇄 발행일 | 2012년 2월 20일

지은이 | 유성선, 박은홍, 최지윤, 이정배, 소병일, 김광식
펴낸이 | 강병철
펴낸곳 | (주)자음과모음

주　　간 | 정은영
제　　작 | 고성은
마 케 팅 | 전소연, 이선희
영　　업 | 조광진, 장성준, 김상윤, 이도은, 박제연

출판등록 | 2001년 5월 8일 제20-222호
주　　소 | 121-840 서울시 마포구 서교동 396-33
전　　화 | 편집부 (02)324-2347, 총무부 (02)325-6047
팩　　스 | 편집부 (02)324-2348, 총무부 (02)2648-1311
e-mail | soseries@jamobook.com
Home page | www.jamo21.net

ISBN 978-89-544-2671-8 (04100)
ISBN 978-89-544-2667-1 (set)

• 잘못된 책은 교환해 드립니다.

아비투어 철학 논술

초급편

4

㈜자음과모음

차례

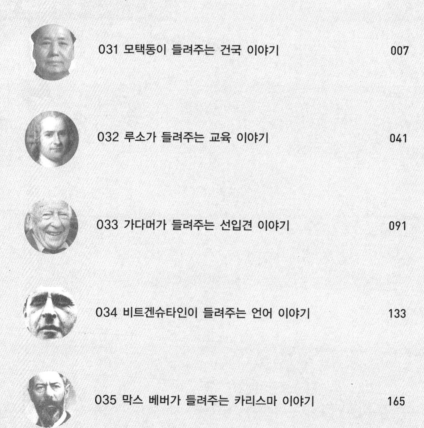

031 모택동이 들려주는 건국 이야기　　　　　007

032 루소가 들려주는 교육 이야기　　　　　041

033 가다머가 들려주는 선입견 이야기　　　　　091

034 비트겐슈타인이 들려주는 언어 이야기　　　　　133

035 막스 베버가 들려주는 카리스마 이야기　　　　　165

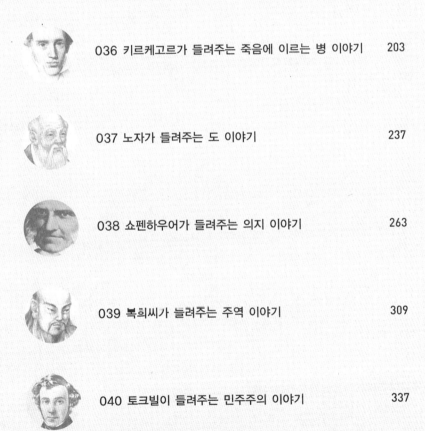

036 키르케고르가 들려주는 죽음에 이르는 병 이야기　　203

037 노자가 들려주는 도 이야기　　237

038 쇼펜하우어가 들려주는 의지 이야기　　263

039 복희씨가 늘려주는 주역 이야기　　309

040 토크빌이 들려주는 민주주의 이야기　　337

Abitur

모택동이 들려주는 건국 이야기

저자_ 유성선

현재 강원대학교 철학과 교수로 재직 중이다.

인 물 탐 구

모택동

毛澤東

아래에 제시된 글을 읽고, 모택동에 관한 특징적인 일들을 요약하시오.

1893년 12월 26일 중국 후난성의 샹탄에서 태어난 모택동은 중국의 공산주의 이론가이자 군인, 정치가였다. 1931년 이래 중국 공산당의 지도자였으며, 1945년부터 1959년까지 우리나라의 대통령과 같은 의미인 국가 주석을 지냈다.

가난한 농부의 아들로 태어났으나 그의 아버지는 농업과 곡물상 등을 하면서 집안을 일으켜 나중에는 논과 밭을 살 수 있었고, 다섯 명의 자식을 키우는 데 큰 걱정이 없을 정도가 되었다. 모택동의 아버지는 교육이 문서 기록이나 계산을 위한 것이라고 생각하는 사람이었고, 모택동은 그런 집안 분위기 속에서 자라게 되었다.

8세 때 마을 서당에 입학하여 공부를 하여 기초 지식을 익혔으나, 13세 때 학업을 중단하고 아버지의 강요로 집안의 농장에서 하루 종일 일을 하게 되었다. 모택동은 아버지의 뜻을 거역하고 집을 뛰쳐나와 마을 가까이에 있는 현립 동산고등소학교에 입학했고, 이어 성도인 창사 소재의 상향중학교로 전학했다. 그곳에서 서양의 새로운 사상과 과학 기술들을 접할 수 있게 되었고, 나중에 중화인민공화국을 건립하게 되는 여러 가지 사상적 기초를 다지게 된다.

1905년 과거제도가 폐지되고 서양의 학문이 현대식 학교에 부분적으로 수용되고 있었기 때문에 중국의 젊은이들은 사회나 관직에 진출하는 데 있어서 서양 학문과 중국의 전통 학문 중 어떤 것을 공부해야 할지 불확실한 상태에 있었다. 당시의 중국은 '중화사상'이라 하여 자기 나라가 세계의 중심이라는 생각에 빠져 있었으며, 국민의 대다수인 농민들은 세계 여러 나라의 침략 등으로 몹시 고통받고 있었다. 그러나 침략을 막아야 할 왕과 관리들은 자기 이익만 챙기느라 적들을 막아 낼 수 없었다. 그리하여 1911년 '신해혁명'이 일어나게 되었다.

'신해혁명'은 손문을 대표로 하는 혁명군에 의해 국민이 주인이 되는 나라를 만들려고 일어난 혁명이었다. 결국 혁명군의 승리로 수천 년 동안 이어져 왔던 왕조가 무너지고, 민주주의를 이념으로 한 새로운 정부가 중국에 세워졌다. 그러나 군인들이 정치에 전면적으로 등장하면서 중국은 다시 혼란의 시대가 되었다.

모택동은 1918년 후난 성립 제일사범학교(창사 소재)를 졸업한 뒤 중국 지성의 산실인 베이징대학교로 갔다. 베이징대학교 도서관 사서보(司書補)로 일한 6개월은 그의 장래를 결정짓는 데 엄청난 영향을 미쳤다. 게다가 그가 베이징대학교에서 근무하던 기간에 5·4운동이 일어났는데, 이 운동은 그후 50년 동안 중국에서 벌어지게 되는 모든 변화의 사상적 원천이 되었다.

그러나 국민들로부터 존경을 받아 왔던 손문이 1924년에 죽게 되자 장개석이 손문의 자리를 이어받아 총통이 되었다. 장개석 총통은 겉으로는 민주주의를 한다고 했지만, 실제로는 모든 국민들을 평등하게 대하지 않았다. 장개석 총통은 그를 지지하는 일부 계층들에게만 많은 혜택을 줬을 뿐, 일반 서민들에게는 많은 고통을 안겨 주었다. 이러한 상황 속에서 모택동은 진정으로 서민들이 주인이 되는 세상을 만들기 위해 많은 노력을 기울였다. 그는 1919년 여름 창사에서 농민을 제외한 학생·상인·노동자들의 연대 조직을 결성해 정부에 항일운동을 요구하는 시위를 벌였다. 이후 그는 문득 농민들 속에 내재된 혁명적 잠재력에 눈뜨게 되었다. 그 자신이 농촌 출신이었지만 그는 학생 시절 이래로 노동자와 농민은 무식하고 더럽다는 중국 지식인의 전통적인 견해를 가지고 있었다. 그러던 그가 태도를 바꾸어 고향의 농민들이야말로 중국을 소생시킬 수 있는 자원이라고 생각하게 되었다. 이로 인해 장개석으로부터 박해를 받게 된 그는 할 수 없이 고향을 떠나 여러 곳을 떠돌게 되었다. 그 과정에서 그는 농촌에서 그들의 권리를 찾게 하려고 동료들과 함께 농민들을 가르쳤으나, 농민들은 가르치려고만 하는 모택동과 그의 동료들을 별로 달가워하지 않았다. 모택동은 이를 느끼고 스스로 반성하여 농민과 함께 일하며, 그들의 이야기를 진정으로 들어주며 그들과 함세했다.

이후 수많은 곳에서 지지를 얻게 된 모택동은 '대장정'을 마치고 다시 고향인 후난성으로 돌아갔다. 그는 일본 제국주의와도 싸워야 하고, 장개석의 모략으로부터도 싸워야 했다. 그러나 더욱더 국민들과 함께하며 일본군을 물리쳤고 이로 인해 그는 많은 국민들로부터 지지를 받게 되었다. 결국 부패한 장개석 정부는 국민들로부터 신임을 잃게 되어 무너지고, 모택동은 1949년 10월 1일 새로운 중화인민공화국을 세웠다.

모택동은 혁명 과정에서 수많은 저서를 남겼는데 그의 가장 대표적인 저서는 《모순론》이다. 이와 함께 《실천론》과 《신민주주의론》이 대표작으로 남아 있다.

생각 쓰기

1 대장정

중국 공산군의 1만 2,500킬로미터에 달하는 역사적 대행군(1934~1935)을 말한다. 이 결과 공산당의 혁명 근거지가 중국 동남부에서 서북부로 옮겨졌으며 모택동이 확고부동한 지도자로 부상했다. 홍군(모택동이 이끄는 군대)은 추격해 오는 장개석의 국민당군과 계속 싸우면서 18개의 산맥을 넘고 24개의 강을 건너 서북 지방의 산시성에 도달했다. 중국의 많은 청년들은 장정이라는 영웅적인 투쟁에 자극을 받아 1930년대 말과 1940년대 초에 걸쳐 공산당에 가담했다.

결국 장정은 모택동이 공산당에서 지도력을 확립하는 계기가 되었으며, 또한 이를 통하여 공산당은 국민당의 지배력이 닿지 않는 근거지에서 선열을 가나듬을 수 있었다. 공산당은 옌안을 근거지로 하여 힘을 키운 결과 국공 내전을 승리로 이끌었고 마침내 중국 전역을 장악하게 되었다.

2 신해혁명

1911년 중국 청나라를 무너뜨리고 동아시아 최초의 공화국인 중화민

국을 건립한 혁명을 말한다.

혁명 봉기가 일어난 해인 1911년은 신해년(辛亥年)에 해당되어 '신해혁명'이라 불린다. 이것은 청나라의 왕과 관리들이 다른 나라에서 중국을 침략했는데도 백성들을 보호하지 않고 자신들의 이익만을 추구하자 이에 분노한 서민들이 일으킨 것이다. 1913년의 위안스카이(袁世凱) 토벌전쟁을 제2혁명, 1915~1916년의 제국주의에 반대하는 투쟁을 제3혁명으로 지칭하면서 '신해혁명'을 미완의 혁명인 제1혁명으로 부르기도 한다. 또한 우창에서 최초로 신해혁명의 봉기가 일어난 10월 10일을 '쌍십절'이라 하여 타이완에서는 중요한 경축일로 정하고 있다.

3 공산주의 이론가

사유재산 제도를 부정하고 공유재산을 기초로 하여 모든 사람이 평등한 사회를 이룩하려고 하는 사상인 공산주의 이론에 밝고 능한 사람을 말한다.

4 국가 주석 및 총통

몇몇 나라에서 쓰는 용어로 정부의 업무를 총괄하여 다스리는 최고 직위를 말한다.

5 중화사상

중국 스스로 자신의 나라를 세계 문명의 중심이라는 의미의 중화(中華)라 칭하며 존중하고, 다른 나라의 민족은 오랑캐라고 하여 천대하는 사상을 말한다.

6 5·4운동

1919년 5월 4일, 베이징에서 발생한 중국 민중의 반봉건·반제국주의 운동으로, 파리 강화 회의에 제출한 중국의 요구가 무시되자 학생과 지식인을 중심으로 일본과 결탁한 군벌에 대한 반대 시위로 시작되었다. 나중에는 상인·노동자도 합세해 전국적인 대중운동으로 발전하면서 중국 근대화를 추진시킨 원동력이 된 운동으로 사회와 문화 및 사상에 큰 영향을 주었다.

1강 모순이란 무슨 뜻인가요?
2강 진정한 지도자란 어떤 사람일까요?
3강 바람직한 실천이란 무엇일까요?

01강 모순이란 무슨 뜻인가요?

case 1 **모택동의 저서 중에 가장 특징적인 것은 《모순론》이다. 아래의 글을 읽고, 자신의 주변에서 일어나고 있는 모순에 대해 서술하시오.**

　　모택동은 중국의 옛 저서 《한비자》에 나오는 '모순' 이라는 말을 바탕으로 자신의 주장을 펼쳤다. 《한비자》에서 어떤 한 장사꾼이 창과 방패를 들고 나와 창을 소개하기를 "이 창은 어떠한 방패도 뚫을 수 있는 창입니다!" 라고 말하고, 방패를 들고 소리치기를 "이 방패는 어떠한 창도 막을 수 있는 방패입니다!" 라고 했다. 이 말은 이치상 어긋나며 앞뒤 말이 서로 맞지 않는 상태를 일컫는다.

　　모택동은 이를 보고, 당시 사회에서 열심히 땀 흘려 일하고도 가난에서 벗어나지 못하고 이를 다시 자손에게까지 대물림하는 계층과 직접 일하지 않고도 사람들을 부리며 부유한 삶을 사는 계층에 비유하며 '모순' 을 설명했다. 곧, 열심히 일하고도 제대로 대가를 받지 못하는 사람과 일하지 않고도 부유하게 사는 사람이 함께 공존하며 사는 사회를 '모순된 사회' 로 본 것이다.

생각 쓰기

02강 진정한 지도자란 어떤 사람일까요?

case 1 진정한 지도자란 어떤 사람일까? 아래의 두 글을 보고 누가 진정한 지도
자인지와 그 이유를 설명하시오.

어느 날, 모순 마을 사람들은 '이장'을 뽑기로 했습니다. 마을에 사람들
이 많다 보니 의견을 내놓거나, 관청에 갈 일이 많아서 마을 일을 도맡아 할
수 있는 이장이 필요했던 것입니다.

장씨가 이장을 하겠다며 나섰습니다.

"모두들 알겠지만, 나는 땅이 많아요. 우리 집에서 일하는 사람도 많고요.
내가 모순 마을 사람들을 먹여 살리는 거나 마찬가지지. 또 내가 이 마을 사
람 가운데 가장 좋은 학교를 나왔다는 건 모두 아는 사실이지. 나같이 땅도
많고, 좋은 학교를 나온 사람이 모순 마을 대표를 해야지, 그래야 관청 사람
들이 우리 마을을 업신여기지 않지."

장씨가 거드름을 피우며 말하자, 마을 사람들은 그 말에 고개를 끄덕였습
니다. 마을을 대표하는 사람이라면 부자에, 학벌 좋은 장씨가 알맞은 것 같

았습니다. 택준을 비롯해 순박한 모순 마을 사람들은 결국 장씨를 이장으로 뽑았습니다.

이장이 되고 나서 장씨는 더욱 거만해졌습니다. 자기 집 농사일을 해 주는 택준과 사람들에게 큰소리치기 일쑤였습니다.

"내 땅이 아니면 너희는 모두 굶어 죽을 거야. 그러니 내 말 잘 들으라고."

그 말에 화가 났지만, 누구 한 사람 장씨에게 아무 말도 하지 못했습니다. 그랬다가는 장씨가 도리어 화내며 일을 주지 않을 것 같았기 때문이었습니다. 사람들은 그저 묵묵히 일만 열심히 했습니다.

품삯을 받는 날이 되었습니다. 택준을 비롯해 장씨 집에서 일했던 사람들은 장씨네로 모여들었습니다.

(…중략…)

사실 장씨는 품삯을 줄 돈이 있었습니다. 하지만 선뜻 돈을 주자니 아까웠습니다. 자기 돈을 빼앗기는 것 같았습니다. 그래서 하루, 이틀 미루기로 마음먹었던 것입니다.

─《모택동이 들려주는 건국 이야기》 중에서

택준은 이장이 되고 싶은 마음이 없었지만, 사람들의 한결같은 소망을 알았으므로 이장 자리를 수락했습니다.

"보잘것없는 저를 마을 대표로 뽑아 주서서 감사합니다. 새로운 마을을 만드는 데 온 힘을 기울이겠습니다."

다음 날부터 택준은 낮에는 마을 사람들을 한 사람씩 만나, 가장 필요로 하는 것이 무엇인지, 모순 마을이 어떻게 변했으면 좋겠는지 등에 대해 들었습니다. 또한 밤에는 사람들이 바라는 마을을 만들기 위해 여러 사람들과 머리를 맞대고 연구하였습니다.

그리고 드디어 모순 마을을 변화시킬 방법들을 찾아냈습니다.

총회를 열어 택준이 앞에 나섰습니다.

"사람은 누구든지 태어날 때부터 자유와 평등을 누릴 수 있어야 합니다. 어떤 사람이나 일 때문에 자유와 평등을 해쳐서는 안 됩니다. 하지만 지금까지 우리 마을 사람들은 자유가 없었으며, 평등하지 못한 대접을 받아 왔습니다. 열심히 일했으나 이익은 다른 사람이 가져갔습니다. 하고 싶은 말도 제대로 못하고 살았습니다. 이제부터는 그런 일이 없어야겠습니다. 그동안 마을 사람들을 만나 머리를 맞대고 모순 마을의 문제가 무엇이지, 또 어떻게 해결할지 고민했습니다."

택준은 모순 마을의 문제점을 지적하고, 새로운 제도를 실명했습니다.

"우리 모순 마을의 가장 큰 문제는 장씨를 비롯한 몇 사람만 논과 밭을 갖고, 많은 사람들은 논 한 뙈기도 갖지 못했다는 겁니다. 내 땅이 없으니 남의 땅에서 일하고, 품삯도 적게 받아야 했습니다. 풍년이 들더라도 품삯은 오르지 않았습니다. 더구나 받아야 할 품삯을 주지 않아도 그 일마저 못할까

봐 두려워서 달라고도 못했습니다. 이 때문에 땅을 가진 사람들은 일하는 사람을 함부로 취급하였습니다. 이것은 자유와 평등에 반대되는 일입니다. 땀 흘려 일한 사람이 올바른 대가를 받는 제도가 필요합니다. 따라서 마을 공동으로 땅을 가지고 마을 사람들이 함께 농사를 짓겠습니다. 그래서 일한 만큼 가져가도록 하겠습니다."

- 《모택동이 들려주는 건국 이야기》 중에서

생각 쓰기

주 요 개 념 및 배 경 지 식

자유평등

개인에 대한 권력의 강제나 인격적 차별을 없애고, 개인 활동의 자유와 지위상의 동등한 조건을 지향하는 제도를 말한다. 이것은 현대 사회 질서의 기본 원칙이 되고 있다.

- 모택동은 자유와 평등은 만민이 누려야 할 권리라고 외쳤다.
- 자유와 평등을 국가의 통치의 기본으로 삼았다.
- 모택동은 자유와 평등의 실현을 위해 싸웠다.
- 모택동은 옥중에서 민족의 자유와 평등을 주장하는 논설을 썼다.
- 민주주의 사회란 자유주의자들의 견해가 평등주의와 양립할 수 있는 사회이다.

03강 바람직한 실천이란 무엇일까요?

case 1 다음 제시문을 읽고, 자신이 옳다고 생각하는 것을 실천할 때 가장 중요한 것이 무엇인지 지적하고, 그 이유를 논술하시오.

"우리가 미처 모르고 지나친 게 있어. 우리는 사람들을 바보로 여기며 그들을 가르치려고 했어. 그들의 마음을 헤아리고 어루만지기보다 우리를 뽐내기 바빴던 거지. 우리 모순 마을에서도 그랬잖아. 우리 주장만 밀어붙였지 마을 사람들의 생각은 물어도 안 봤지. 우리도 장씨와 다를 바 없었던 거야. 우쭐대며 잘난 체한 거라고. 그래, 그래서 우리가 마을에서 쫓겨난 거야."

택준은 자기 잘못을 알았습니다. 친구들도 택준의 말에 고개를 숙였습니다.

"택준의 말이 맞아. 우리가 사람들을 업신여긴 거야. 우리가 잘못했군."

"앞으로 어떡하면 좋은가?"

다시 침묵이 흘렀습니다. 사람들은 각자 원하는 것이 무엇인지 고민했습니다. 시간이 흘러, 생각을 정리하고 택준이 먼저 입을 열었습니다.

"옳고 그른 기준을 우리 눈높이로 정하는 게 아니라 마을 사람들의 눈높이에 맞추는 거야."

"그게 무슨 소린가?"

"마을 사람들의 생각에 우리 생각을 맞추는 거라고 말해 두지. 그들의 이야기를 듣고 그들이 진정 원하는 게 무엇인지 알아보는 거야. 그런 뒤에 행동으로 옮기는 거지."

"마을 사람들의 마음에 귀 기울이라는 말인가?"

– 《모택동이 들려주는 건국 이야기》 중에서

생각 쓰기

아비투어 철학 논술

예시 답안

① 모택동은 1893년 12월 26일 중국 후난성의 샹탄에서 태어났다.

② 가난한 농부의 아들로 태어났으나 그의 아버지는 근면 성실하여 나중에는 부농이 되었다. 그의 아버지는 교육을 문서 기록이나 계산을 위한 것이라고 생각하는 사람이었고, 모택동은 그런 집안 분위기 속에서 자라게 되었다.

③ 8세 때 마을 서당에 입학하여 공부를 하여 기초 지식을 익혔으나, 13세 때 학업을 중단하고 아버지의 강요로 집안의 농장에서 하루 종일 일을 하게 되었다. 이 후 현립 동산고등소학교에 입학했고, 이어 성도인 창사 소재의 상향중학교로 전학했다. 그곳에서 서양의 새로운 사상과 과학 기술들을 접하며, 그의 사상적 기초를 다진다.

④ 1911년 '신해혁명' 이 일어나게 되는데, 이는 여러 나라의 침략을 막아야 할 왕과 관리들이 자기 이익만 챙기느라 적들을 막지 못하자 손문을 대표로 하는 혁명군이 국민이 주인이 되는 나라를 만들기 위해 일으킨 혁명이었다. 결국 왕조가 무너지고 민주주의를 이념으로 한 새로운 정부가 중국에 세워졌다. 그러나 군인들이 정치에 전면적으로 등장하면서 중국은 다시 혼란의 시대가 되었다.

⑤ 손문이 1924년에 죽게 되자 장개석이 손문의 자리를 이어받아 총통이 되었으나, 장개석 총통은 겉으로는 민주주의를 표방하면서 실제로는 모든 국민들을 평등하게 대하지 않았다. 그리하여 일반 서민들은 많은 고통을 안고 살았으며, 이러한 상황 속에서 모택동은 진정으로 서민들이 주인이 되는 세상을 만들기 위해 많은 노력을 기울였다.

⑥ 모택동은 혁명 운동 과정에서 문득 농민들 속에 내재된 혁명적 잠재력에 눈뜨게 되었다. 그 자신이 농촌 출신이었지만 노동자와 농민은 무식하고 더럽다는 중국 지식인의 전통적인 견해를 가지고 있었던 것이다. 그러나 태도를 바꾸어 고향의 농민들이야말로 중국을 소생시킬 수 있는 자원이라고 생각하게 되었으며, 이를 실천하기 위해 많은 노력을 기울인다.

⑦ 이로 인해 장개석으로부터 박해를 받게 된 그는 할 수 없이 고향을 떠나 여러 곳을 떠돌게 되는 '대장정'을 펼친다. 그 과정에서 그는 농촌으로 들어가 농민들로 하여금 그들의 권리를 찾게 하려고 동료들과 함께 그들을 가르쳤으나, 가르치려고만 하는 모택동과 그의 동료들을 농민들은 별로 달가워하지 않았다. 그는 스스로를 반성하고 농민과 함께 일하며, 그들의 이야기를 진정으로 들어주고 그들과 함께하면서 국민들로부터 큰 지지를 얻어 낸다.

⑧ '대장정'을 마치고 다시 고향인 후난성으로 돌아가 일본의 제국주의와도 싸워 나간다. 그러면서 그는 장개석의 모략과도 맞서 싸워야 했다. 마침내 그는 일본군을 물리쳤고 이로 인해 많은 국민들로부터 지지를 받게 되었다. 결국 부패한 장개석 정부는 국민들로부터 신임을 잃게 되어 무너지고, 모택동은 1949년 10월 1일 새로운 중화인민공화국을 세우게 된다.

⑨ 모택동은 혁명 과정에서 수많은 저서를 남겼는데, 가장 대표적인 저서는 《모순론》이다. 이와 함께 《실천론》과 《신민주주의론》이 있다.

주 제 탐 구 **01** 강 모순이란 무슨 뜻인가요?

case 1 예를 들어, 우리 주변에서 흔히 일어나고 있는 일 가운데 부모님이 공부하라고 다그치실 때가 많다. 그러나 엄마와 아빠께서는 거실에서 텔레비전을 크게 틀어 놓고 방송을 시청하신다. 공부할 분위기를 만들어 주지 않으시면서 공부하라고 다그치시는 것은 모순이라고 할 수 있다.

주 제 탐 구 **02** 강 진정한 지도자란 어떤 사람일까요?

case 1 모순 마을의 첫 번째 지도자인 장씨는 이장이 되려면 재산이 많고, 배운 것도 많아야 된다고 말한다. 마을 사람들은 배운 것이 많은 장씨가 마을의 다른 사람들보다 나을 것이라 여겨 그를 이장으로 뽑았지만, 막상 이장이 된 장씨는 거드름을 피우며 오히려 큰소리친다. 또 품삯도 제대로 주지 않고 자기 할 일도 제대로 하지 않았다. 그러면서 자기로 인해 마을 사람들이 먹고산다고 말한다. 장씨는 이장이라는 사리에 오르자 마을을 위해 일하지도 않고 자기 이익만 챙긴다.

　모순 마을의 두 번째 지도자인 택준은 자신이 이장이 되자 더욱더 겸손한 자세로 마을 사람들을 일일이 찾아다니며 그들의 이야기를 귀 기울여 듣고, 정말로 마을 사람들에게 필요한 것이 무엇인지 함께 의논한다. 그리고 마을 사람들과 함께 의논된 의견을 바탕으로 마을 사람들 모두가 골고루 잘살 수 있는 방법을 만든다.

그러므로 진정한 지도자는 겸손한 마음과 자세로 마을 사람들을 진심으로 위하고 잘살게 하기 위해 솔선수범하며 노력하는 택준이라고 할 수 있다.

주 제 탐 구 **03**강 바람직한 실천이란 무엇일까요?

case 1
자신이 옳다고 생각하는 것을 실행에 옮길 때 가장 중요한 것은 옳고 그름의 기준을 자신이 아니라 상대방의 눈높이에 맞추는 것이라고 할 수 있다. 이것은 상대방의 입장을 충분히 살펴야 한다는 것을 말한다.

우리는 종종 다른 사람을 위하여 무엇인가를 행동으로 옮기는 경우에 상대방보다 우월하다는 생각을 하기 쉽다. 그렇다면 그것은 진심에서 우러나오는 행동이라고 할 수 없다. 즉, 옳다고 생각하는 일을 할 때 가장 주의하여야 하는 점은 상대방이 무시당한다는 느낌을 갖지 않게 하여야 한다는 것이다.

따라서 옳은 일을 실천할 때 먼저 상대방의 생각에 귀를 기울여 그들이 정말로 원하는 것이 무엇인지 알아보아야 한다.

Abitur

철학자가 들려주는 철학이야기 032

루소가 들려주는 교육 이야기

저자_**박은홍**

성균관대학교 독문과를 졸업하고 독일 베를린 자유대학에서 교육철학 박사
학위를 받았다. 현재 아영교육문화연구소 소장으로 활동하고 있다.

루소

Jean-Jacques Rousseau

다음은 루소에 관한 글이다. 제시된 글을 읽고 루소는 어떤 사람인지, 그의 삶의 특징적인 점은 무엇인지에 대해 요약하시오.

　　루소는 프랑스혁명(1789)이 일어나기 11년 전인 1778년에 죽었다. 그가 만 68세 되던 해의 일이었다. 그는 계몽철학 시대의 철학자이자 정치사상가이고 교육학자였다. 그의 정치사상은 자유, 평등, 박애를 외치며 일어난 프랑스혁명에 지대한 영향을 끼쳤고, 《에밀》을 통해 현대의 교육철학에도 지속적으로 영향을 미쳤다. 하지만 이 책으로 인해 루소는 죽을 때까지 도피 생활을 하게 된다. 당시 파리의 대주교가 《에밀》을 불량 서적으로 판단해 유죄판결을 내렸기 때문이다. 가톨릭교회의 신학자들도 《에밀》을 위험한 책으로 분류하고 한결같이 루소를 비난했는데, 이는 《에밀》이 기독교를 신앙으로 받아들이지 않고 이성으로 비판하려 했기 때문이다.

　　루소는 프랑스 문명과 사회, 기독교를 무조건 비판하지만은 않았다. 근대 문명을 진단하여 이를 치료하기 위해 가장 필요한 것이 교육과 정치라 생각했고, 그래서 교육서적인 《에밀》과 정치서인 《사회계약론》을 남겼다. 그의 대표작인 이 두 작품은 모두 인간의 공통 선을 추구하고 자유를 실현하려는 목적을 가진 책들이다. 루소는 프랑스의 전제주의, 근대 문명의 타락, 절대 왕정의 부패 등을 맹렬히 비판하면서 인간 본성으로서의 자유를 중시했는데, 이러한 루소의 사상은 당연히 프랑스혁명(1789)의 이념적 토대가 되었다.

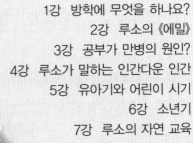

1강 방학에 무엇을 하나요?
2강 루소의 《에밀》
3강 공부가 만병의 원인?
4강 루소가 말하는 인간다운 인간
5강 유아기와 어린이 시기
6강 소년기
7강 루소의 자연 교육

"그래, 너희들은 방학이 되면 무얼 하며 지낼 거냐?"

싱긋 웃으며 선생님이 물었습니다.

"학원 다녀야 해서 놀 시간도 별로 없어요."

"방학 특강 들으러 다녀야 해요."

"과학 교실 다니기로 했어요."

아이들이 제각각 대답하자 선생님의 얼굴이 살짝 굳어지는 것 같았습니다.

"저는 아버지와 같이 시골에 갈 거예요. 아버지 휴가 기간 동안 할아버지 농사를 거들어 드리려고요."

말수가 적은 윤호가 웬일로 한마디 했습니다.

윤호의 대답에 선생님의 얼굴이 조금 펴지는 듯했습니다.

"선생님은 말이다, 윤호의 방학 계획이 가장 맘에 든다."

그러면서 선생님은 아이들 한 명 한 명을 물끄러미 바라보셨습니다.

(중략)

선생님은 큰 한숨을 내쉬고는 말을 이었습니다.

"학원보다 자연에서 더 큰 것을 배울 수 있단다. 아까 윤호의 대답에 선생님은 매우 기뻤단다. 바로 그렇게 자연 속에서 몸으로 체험하며 겪어 보는 것이야말로 생생한 교육이기 때문이지. 지금의 교육 현실을 루소가 보면 아마 선생님보다 더 큰 한숨을 내쉴 게다."

– 《루소가 들려주는 교육 이야기》 중에서

case **1** 선생님이 윤호의 방학 계획을 가장 높게 평가한 이유는 무엇인지에 대해 적어 보시오.

생각 쓰기

생각 쓰기

02강 루소의 《에밀》

"루소의 《에밀》이라는 책, 읽어 본 사람 없지? 좋은 책 좀 가까이 해라, 응? 맨 만화책만 좋아하지 말고 말이야."

당연히 그런 책을 읽었을 리 없는 우리들은 무언가를 기대하는 눈빛으로 선생님의 얼굴을 바라보았습니다. 선생님이 전해 주는 책 이야기는 재미있기 때문입니다. 더구나 얘기에 빠진 핑계로 첫 시간 수업도 빼먹게 될 테니까요.

"《에밀》은 말이다, 에밀이라는 가상의 아이를 교육시키는 과정을 쓴 소설인데 모두 다섯 권, 5부작으로 돼 있단다. 연령층별로 나눠서 그 시기에 필요한 교육을 설명한 것이지. 소설이지만 그 의미가 깊어서 철학책이라고 하는 것이 더 맞을 게다. 루소가 이 책에서 말하려한 것은 인간이 본래 가진 선한 마음을 되찾을 수 있도록 자연적인 교육을 시켜야 한다는 것이었지. 문명이 지나치게 발달하면서 본래의 선한 인간 본성이 악해진다고 봤던 거야. 자연 속에서 자연과 더불어 생생한 경험을 하며 자연스러운 성장을 해 나가기를, 그래서 인간의 본성을 되찾기를 바랐단다. 지금 선생님의 마음처럼 말이야."

여느 때보다 진지한 선생님의 말이 이어졌습니다.

"자연이야말로 너희들에게 가장 위대한 스승이란다. 국어·영어·수학, 이런 것을 배우는 것보다 더 중요한 것은 인간다워지는 것이지. 인간성의 회복, 이런 말 너희들도 들어 봤지? 지금 사회가 이렇게 악해진 것은 참된 교육을 하지 않아서라고 생각한단다. 선생님도 그것에 많은 책임감을 느끼고 있어. 이번 방학엔 꼭 《에밀》을 읽어 보도록 해. 알았나?"

— 《루소가 들려주는 교육 이야기》 중에서

case 1 선생님이 국어·영어·수학보다 더 중요하다고 한 것은 무엇이며, 이것은 루소의 《에밀》과 무슨 상관이 있는지 설명하시오.

생각 쓰기

----

case **2** 루소는 인간이 악해지는 이유가 어디에 있다고 보았는지에 대해 설명하시오.

생각 쓰기

생각 쓰기

case 4 여러분은 지나친 문명의 발달이 인간을 악하게 만들었다는 루소의 주장에
공감하는가? 그렇다면 그 이유를 적어 보시오.

생각 쓰기

03강 공부가 만병의 원인?

　그때 외삼촌이 의아한 목소리로 엄마에게 묻는 소리가 들렸습니다.

　"그런데 이건 무슨 약들이야? 누나, 누가 아파?"

　물을 마시러 일어섰던 외삼촌이 식탁 위에 놓인 약 봉지를 보며 하는 말이었습니다.

　"으응, 하나가 원형탈모라나, 그런 게 생겨서 치료받는 중이야. 그것 때문에 학원도 지금 계속 쉬고 있다니까."

　설거지를 마치고 고무장갑을 벗으면서 엄마가 대답했습니다.

　"사실은 학원 갈 시간만 되면 몸이 여기저기 아프다고 해서 심리 치료도 받고 있는 중이라네. 스트레스 때문에 마음의 병이 몸으로 나타나는 것이라는군."

　아빠가 초원이와 나에게 들릴 듯 말 듯 조용하게 덧붙였습니다.

　"예에? 하나의 상태가 그 정도로 심한가요? 탈모까지 오고 심리 치료까지 받을 정도면 어린애가 얼마나 힘들었겠어요? 누나, 애한테 너무 많은 걸 시킨 거 아냐?"

　외삼촌이 조금 흥분된 목소리로 엄마에게 따지듯 물었습니다.

"얘는, 내가 뭘 많이 시켰다고 그러니? 하나가 하는 건 이 동네에서는 보통 이하야. 집으로 선생님이 매주 오고, 개인 교습도 대여섯 개씩들 받는다고. 나도 최소한으로 하려고 욕심을 많이 낮춘 거란다. 하나 나이에 해야 할 게 얼마나 많은데."

엄마가 준비라도 한 듯 줄줄 이유를 들었습니다. 아무렴, 엄마의 말을 이길 사람은 없을 것입니다.

― 《루소가 들려주는 교육 이야기》 중에서

case 1 학원이나 시험 등 공부 스트레스로 아파 본 적이 있다면 언제, 어떻게 아팠는지 자세히 적어 보시오. (본인에게 그런 경험이 없으면, 친구나 형제 등 다른 학생에 대해 써도 좋다)

생각 쓰기

----

04 강 루소가 말하는 인간다운 인간

"참, 외삼촌이 우리 엄마랑 그때 《에밀》 얘기를 하셨잖아요. 우리 선생님도 《에밀》은 꼭 한 번 읽어 볼 책이라던데…… 외삼촌, 그 얘기 좀 더 해 주세요. 네?"

내가 조르는 것이 은근히 좋으셨는지 외삼촌은 자리에 앉아 바로 본론을 말씀하셨습니다.

"하나 수준이 높은데? 벌써 루소의 철학을 알고 싶어 하니 말이야. 루소의 가장 유명한 말이 뭐였을까? 그래, 자연으로 돌아가라, 이것이 었지. 그런 말이 왜 나왔는지를 알아볼 필요가 있단다. 루소는 나이에 걸맞은 교육 과정이 필수적이라고 보았고 각각의 교육 과정은 고유한 특징을 가지고 있다고 생각했단다. 그런 교육을 하는 목적은 인간다운 인간, 바로 선한 본성을 유지하면서 이성적으로 생각하고 행동하는 바람직한 인간을 만들기 위한 것이었지."

옆에서 초원이도 관심 있는 눈빛으로 외삼촌을 바라보았습니다. 같이 듣는 학생이 또 있다고 생각하니 심심하지 않은 수업이었습니다.

"어린이 교육에서 무엇보다도 중요한 것은 인간 본성으로서의 선을 유지함으로써 사회와 문명의 악을 멀리하는 것이지. 어린이가 청소년으로 성장하면서 중요한 것은 자연이 아름답다는 사실과 함께 자연을 소중하게 사용할 수 있다는 사실을 아는 것이야. 그렇게 해야만 자연을 파괴하지 않고 자연 사랑을 간직할 수 있지 않겠니?'

"외삼촌이 초원이에게 바라는 것처럼 말이지요?"

내가 한마디 하자 외삼촌은 머쓱한 웃음을 지으며 대답했습니다.

"루소처럼 위대한 철학자는 아니어도, 그 비슷하게는 되고 싶긴 하다. 아직 멀었지만 말이야, 하하."

— 《루소가 들려주는 교육 이야기》 중에서

case 1 루소의 명언 중에서 가장 유명한 말이 무엇인지 생각해 보고, 그 말이 의미하는 바가 무엇인지 적어 보시오.

생각 쓰기

생각 쓰기

생각 쓰기

"루소가 《에밀》이라는 책에서 (……) 교육 시기를 5단계로 나누어 말했는데, 아기가 이 세상에 출생해서 다섯 살이 되기까지의 과정이 교육의 첫 번째 과정이야. 이 시기에 아이들은 먹고 자고 배설하는 본능적 욕망만을 채우려고 하지. 그렇기 때문에 이때에는 본능적 욕망을 적절하게 충족하게끔 하는 것 이외의 다른 것은 없단다. 그것이야말로 교육인 것이지. 루소는 유아기의 아이들에게 회화를 듣게 한다든가 수학을 가르치는 것은 해롭다고 생각했단다."

(……)

"그럼 두 번째 단계에는 어떤 교육이 필요한데요?"

(……)

"루소가 말하는 두 번째 교육 과정은 다섯 살부터 열두 살까지의 어린이 시기야. 요즘 심리학자들은 열두세 살이면 인간의 성격이 거의 고정된다고 하지만 루소는 청년기, 그러니까 스무 살까지는 인간의 교육이 필요하다고 보았단다. 루소는 형식에 얽매인 학교 교육을 반대했지. 왜냐하면 그런 교육은 인간의 선한 본성을 무시하고 사회의 악덕만을 가르쳐 주기 때문이지. 이 시기에 중요한 것은 감각, 사물

및 육체 훈련이란다. 사람은 시각, 청각, 촉각, 후각, 미각 이렇게 다섯 가지 감각을 가지고 있지? 이런 감각 기관을 적절히 발달시킬 때 자연에 걸맞은 감각 기능을 가질 수 있고 건강한 인간으로 성장할 수 있다고 했단다."

"우리 나이가 그럼 이 시기겠네요?"

내가 얼른 말했습니다. 한마디라도 초원이보다 앞서 말하고 싶었기 때문입니다.

"그렇지. 그래서 너희들에게 필요한 것은 온 감각을 이용해서 자연을 느끼고 경험하는 것이란다. 하나에게 그걸 꼭 느껴 보게 하고 싶은 마음에 더 고집을 부려서 같이 온 것이지."

외삼촌의 말에 고개를 끄덕이며 내가 말했습니다.

"조금 불편한 것도 있긴 하지만 외삼촌을 따라오길 잘한 것 같아요. 이런 수업도 다 받고 말이에요. 사실 컴퓨터를 오래 보면 눈도 침침해지고 시력도 나빠지거든요. 제 눈만 보더라도 다양한 발달을 하지 못하니 벌써 안경을 쓰게 되었나 봐요. 외삼촌 말씀처럼 먼 곳도 바라보고 그랬으면 이렇진 않았을 텐데…… 자연에 맞게 감각을 발달시키지 않으니까 눈도 고장이 나네요."

"네 말이 맞다. 도시에 사는 아이들은 그럴 환경을 갖기 어렵지 않니? 그것이 참 안타깝단다. 어린이 시기의 교육 과정에서는 물건과 육체 훈련에 대한 교육도 매우 중요하지. 예를 들어, 내 앞에 있는 이 쟁반이 무엇이고 어떻게 사용하는지를 제대로 배워야 한다는 거야. 그건 곧 사물을 제대로 알고, 제대로 쓸 줄 알아야 한다는 거란다. 세상을 살아가는데 물건의 용도와 사용 방법을 아는 것은 아주 중요한 것이니까. (……)"

─ 《루소가 들려주는 교육 이야기》 중에서

case 1 교육의 첫 단계인 유아기의 특징을 간략히 적어 보시오.

생각 쓰기

루소가 말하는 교육의 두 번째 과정은 어떤 시기이며, 이 시기에 필요한 교육은 무엇인지 쓰시오.

생각 쓰기

생각 쓰기

case **4** 감각 교육은 현대 교육학이나 심리학에서도 아주 중요하게 생각하는 부분이다. 감각 교육은 사고력 개발을 가능하게 해 주는 기초 체력으로 간주된다. 학교에서 있었던 체험 학습의 사례를 생각해 보고 그 수업에서 어떤 감각이 어떻게 사용되었었는지에 대해 적어 보시오.

생각 쓰기

외삼촌이 기특하다는 듯이 나를 보며 말했습니다.

"두 번째 과정이 끝나고 열두 살부터 열다섯 살까지의 시기를 루소는 소년기라고 했는데, 이때 꼭 읽기를 권장한 책이 바로 《로빈슨 크루소》였단다. 루소는 원래 책을 읽도록 하는 것을 좋아하지 않았단다. 루소는 '단어나 책이 아니라 감각이나 감정의 교육이 어린이에게 중요하다'고 했었지. 《에밀》에는 이런 구절도 있단다. '나는 말로 설명하기를 좋아하지 않는다. 젊은이들은 말로 설명하는 것에는 주의를 기울이지 않을 뿐만 아니라 거의 기억하지도 않는다. 실제 사물! 실제 사물! 우리들이 말에 지나치게 치우쳐 있다는 사실을 제아무리 되풀이해 말해도 그것은 부족할 것이다. 말이 지나치게 많은 교육은 결국 우리를 말만 잘 떠벌이는 인간으로 만들어 낼 뿐이다.'"

"와, 외삼촌 진짜 기억력 좋으시네요? 어떻게 그 긴 말을 다 외우세요? 대단해요!"

내 말에 외삼촌은 쑥스러운 듯 웃으며 대답했습니다.

"내가 딱히 기억력이 좋다기보다, 그 말이 가슴에 와 닿아서 저절로 외워지더구나. 루소는 이런 말도 했단다. '나는 책을 싫어한다. 책은 우리들이 알지도 못하는 것을 이야기하도록 우리들을 가르친다.' 이렇게 말하는 루소는 어린이가 책의 지식이나 추상적인 단어보다 본래의 감각과 감정을 발달시키기 위해 실천적인 기술을 배워야 한다고 했단다. 아까 말한 사물과 육체의 교육이란 것이 바로 그런 것이지."

― 《루소가 들려주는 교육 이야기》 중에서

case 1 윗글에서 루소가 생각하는 잘못된 교육은 어떤 것인지에 대해 서술하시오.

생각 쓰기

생각 쓰기

생각 쓰기

07강 루소의 자연 교육

　자연을 관찰하고 자연이 제시하는 길을 따르라. 자연은 아이를 끊임없이 훈련시킨다. 자연은 온갖 종류의 시련을 통해 아이의 체질을 단련시킨다. 자연은 일찍부터 아이에게 고통과 아픔이 어떤 것인지 가르친다. 살을 찢고 이가 나올 때는 열이 난다. 극심한 복통이 아이에게 경련을 일으킨다. 숨이 막힐 정도로 기침이 오랫동안 이어진다. 벌레가 아이를 괴롭힌다. 다혈증이 아이의 피를 나쁘게 만든다. 온갖 종류의 병균이 아이에게 침투하여 악성 발진을 일으킨다. 출생 초기는 질병과 위험의 시기이다. 태어난 아이의 절반이 여덟 살 이전에 죽기 때문이다. 아이가 이런 시련을 거치면서 힘을 얻고 자기 생명을 활용할 수 있게 되면 생명의 근원은 한층 더 굳건해진다.

　이것이 바로 자연의 법칙이다. 무슨 근거로 자연의 법칙에 반대하는가? 자연의 법칙을 바꾸려다가 자연의 삭품, 즉 아이를 망치게 되며 자연이 배려하는 효과를 방해하게 된다는 사실을 알지 못하는가? 자연이 내부에서 하는 일을 우리가 외부에서 하는 것은 두 배로 위험하다고 생각하는 사람들도 있지만, 그렇게 하면 오히려 위험을 분산시키거나 약화시키는 격이다.

자연이 아이에게 주는 시련에 대해 루소는 어떻게 생각하는지 서술하시오.

생각 쓰기

-----

case 2 루소의 자연 교육은 단순히 도시와 문명을 버리고 시골에 가서 살라는 것이 아니다. 자연의 이치와 섭리가 무엇인지 이해하고 그에 걸맞게 교육하여야 한다고 주장하는 것이다. 루소는 어떤 교육이 이런 교육이라고 생각했는지 설명하시오.

생각 쓰기

아비투어 철학 논술

예시 답안

① 루소는 철학과 정치, 그리고 교육을 연구한 학자이다.

② 루소의 정치 사상은 자유, 평등, 박애를 외치며 일어난 프랑스혁명에 큰 영향을 끼
   쳤다.

③ 루소가 쓴 《에밀》은 오늘날까지 많은 사람들에 의해 읽히고 감명을 주고 있지만,
   한때는 기독교를 비판한 이유로 불량 서적으로 꼽히기도 했다.

④ 루소는 살았던 당시의 문명을 비판하면서, 가장 필요한 것이 교육과 정치라고 여
   겼다.

⑤ 루소는 《사회계약론》을 썼는데, 이 책에서 《에밀》과 마찬가지로 인간의 선과 자유
   를 실현하고자 했다. 루소는 무엇보다도 자유를 중시했고, 이러한 사상은 프랑스혁
   명의 기초가 되었다.

주 제 탐 구 **01**강 방학에 무엇을 하나요?

case 1
① 학원보다 자연에서 더 큰 것을 배울 수 있다고 생각하기 때문이다.
② 자연 속에서 몸으로 체험하며 겪어 보는 것이야말로 생생한 교육이기
때문이다.

case 2
자연에 근접한 곳에 가서 오전에는 열심히 공부하고, 오후에는 썰매나 스
케이트를 타면서 실컷 놀 수 있었으면 좋겠다. 요즘 시골에는 폐교가 많다

고 하는데, 그런 곳에 가서 공부도 하고 노는 것도 열심히 하고 싶다.

　방학 동안만이라도 답답한 도시를 떠나 생생한 자연을 접할 수 있다면 또 다른 배움을 얻을 수 있다고 생각하기 때문이다. 책상에 앉아 책으로만 배우는 것이 공부는 아니다. 자연을 직접 접하면 환경과 생태에 관해 아는 것도 많아지고 몸도 건강해질 것이다.

주 제 탐 구　**02**강　루소의 《에밀》

case 1　선생님은 국어 · 영어 · 수학을 배우는 것보다 인간다워지는 것이 더 중요하다고 말씀하신다. 루소의 《에밀》에도 바로 그런 생각이 담겨 있다. 루소는 인간의 문명이 오히려 인간을 악하게 만들며, 자연 속에서 자연과 더불어 자연스럽게 성장하는 것이 바람직하다고 생각했다.

case 2　루소는 문명이 지나치게 발달하면서 본래는 선한 인간의 본성이 점점 악해진 것이라고 보았다. 즉, 자연과 멀어진 결과 자연스러움을 상실한 것이 인간다움을 잃게 하는 원인이 되었다고 보는 것이다.

case 3　루소는 지나친 문명 발달로 인해 본래 선한 인간성이 악하게 변한다고 보았다. 따라서 아이들이 인간 본래의 선한 본성을 되찾기 위해서는 자연 속에서 자연과 더불어 생생한 경험을 하며 자연스럽게 성장해 나가야 한다고 주장하였다.

case 4 도시 생활은 시골에 비해 확실히 여유가 없는 것 같다. 다들 너무 바쁘고 살아가는 게 힘들기 때문이다. 그러면 아무래도 인심도 나빠질 것이다. 도시에 범죄가 많은 걸 보면 문명이 꼭 좋은 것만은 아닌 것 같다. 그렇다고 도시 사람들은 나쁜 사람, 시골 사람들은 좋은 사람이라고 말하는 것도 아니라고 본다. 도시 사람들 중에서도 착한 사람들이 많기 때문이다. 어쨌든 문명의 좋은 점, 편리한 점만 보지 말고 우리가 너무 맹목적으로 바쁘게 사는 건 아닌지 돌이켜 볼 필요가 있다. 마음의 여유를 찾는 것이 필요하기 때문이다. 그래서 문명의 발달이 인간을 반드시 악하게 만드는 건 아닌 것 같다.

주 제 탐 구 **03**강 공부가 만병의 원인?

case 1 내 친구 수희(가명)는 아주 특이한 아이이다. 걔는 아프고 싶으면 진짜로 아프기 때문이다. 학원에 가기 싫거나 학교 시험이 두려우면 꼭 아파서 수희의 엄마도 어쩌지 못하고 며칠씩 쉬게 해 준다. 한데, 꾀병이 아니다. 병원에서 외사 선생님이 진찰하면 진짜 아픈 걸로 나온다. 어떤 선생님이 말해 주었는데 수희는 심리적 두려움이 몸의 병을 만드는 거라고 했다. '차라리 아팠으면 좋겠다'라고 간절히 원하면 진짜로 아파지는 뭐, 그런 건가 보다. 나도 수희처럼 마음대로 아플 수 있다면 진짜 좋겠다.

주제 탐구 **04**강 루소가 말하는 인간다운 인간

case 1 '자연으로 돌아가라' 이다. 루소는 《에밀》에서 자연이 인간의 교육에서 얼마나 중요한 역할을 하고 있는지에 대해 이야기하고 있다.

본래 선한 인간이 문명의 발달로 인해 악해진 것이므로 선한 본성을 되찾기 위해서는 자연으로 돌아가 자연 속에서 자연적인 교육을 받아야 한다고 말하고 있다.

case 2 루소가 생각하는 교육의 목적은 '인간은 인간다워야 한다'는 말로 요약된다. 여기서 인간다운 인간이란 본래의 선한 본성을 잃지 않으면서 이성적으로 생각하고 행동하는 인간이다. 다시 말해 루소는 착한 본성과 이성을 함께 지닌 인간을 양성하는 것을 교육의 목적으로 생각하고 있다.

case 3 사회와 문명의 악을 멀리하고, 자연과 함께하여 자연과 더불어 자연스럽게 성장해야 한다고 주장했다. 이것이 바로 루소가 말하는 교육이며, 교육을 통해 이미 악해진 사회도 선한 본성을 되찾을 수 있다고 보았다.

case 1

태어난 후 5세까지의 시기인데, 먹고 자고 배설하는 본능적 욕망을 적절하게 충족시켜야 하는 시기이다. 이 시기에 회화나 수학 등 지식을 아이에게 가르치는 것은 해롭다고 루소는 생각했다.

case 2

루소가 말하는 두 번째 교육 과정은 다섯 살부터 열두 살까지의 시기이다. 루소는 이 시기에 가장 중요한 것이 감각의 훈련이라고 말했다. 인간이 지니고 있는 감각기관을 적절히 발달시키면, 다시 말해 자연에 걸맞은 감각 기능을 가지게 되면, 건강한 인간으로 성장할 수 있다고 보았던 것이다. 그리고 감각기관이 제대로 발달하면 사물을 올바로 알고 사용하는 법도 터득할 수 있다고 보았다.

따라서 루소는 학교 교육과 같은 인위적이고 강제적인 교육은 지양하고, 감각과 신체 훈련을 목적으로 하는 자연스런 교육을 실시해야 한다고 주장하였다.

case 3

앞에 있는 이 쟁반이 무엇이고 어떻게 사용하는지를 제대로 배워야 한다는 기야. 그긴 곧 사물을 제대로 알고, 세대로 쓸 줄 알아야 한다는 거란다. 세상을 살아가는데 물건의 용도와 사용 방법을 아는 것은 아주 중요한 것이니까.

case 4

학교에서 물수제비 놀이를 했다. 잔잔한 물가에 돌을 던져 탕, 탕, 탕, 탕 튕기는 놀이였는데 참 재미있었다. 누가 가장 많이 튕기나 내기를 했는데, 당연히 12번을 튕긴 내가 1등을 했다. 그런데 지호는 내가 12번이 아니라 10번을 튕겼기 때문에 자기가 1등이라고 우겼다. 자기가 11번 했다고 말도 안 되는 소리를 하는 것이다.

물수제비를 할 때에는 손에 와 닿는 돌의 느낌이 중요하다. 이 느낌이 좋아야 잘 튕겨지고, 또 돌이 얇고 평평해야 좋다. 던질 때의 자세도 가능한 몸을 낮춰서 던져야 한다. 돌에 회전이 많이 들어가야 여러 번 튕겨서 멀리 갈 수 있기 때문이다.

물수제비를 할 때에 후각이나 미각은 전혀 상관이 없고, 청각도 별로 사용되지 않는다. 내가 던진 돌이 어떻게 날아가는지 봐야 하니까 시각이 중요하고, 특히 손에 느껴지는 촉각이 아주 중요하다.

왜 내가 1등을 했는지 과학 시간에 선생님이 자세히 설명해 주었다. 선생님 설명이 복잡해지니까 골치 아프고 졸리긴 했지만, 그래도 재미있었다.

주 제 탐 구 **06**강 소년기

case 1 루소는 지나치게 말과 책에 치우친 교육이 잘못된 교육이라고 생각한다. 이런 교육은 우리를 말 많은 인간으로 만들 뿐, 실제 사물에 대한 참된 앎을 얻지 못하게 한다는 것이다.

루소는 감각과 감정을 발달시키는 것이 중요하며, 이를 위해서는 책을 통한 지식이나 추상적 단어를 습득하는 것보다 실천적 기술을 배워야 한다고 말했다.

① 찬성 의견

루소는 모든 교육은 아동의 연령에 맞추어 그 교육과정과 방법을 달리해야 한다고 보았다. 또한 루소는 인위적인 교육을 실시하는 학교교육을 철저히 반대하였는데, 책은 우리가 알지 못하는 세계와 사물에 대해 쓸데없는 지식만을 가르쳐 준다고 보았기 때문이다.

따라서 아직 자아와 이성이 발달되지 않은 어린 시기에 윗사람의 말이나 책을 통해 미처 경험하지 못한 것에 대해 배우고 나면, 그것을 마치 자신이 다 아는 것처럼 생각하게 될 수도 있다는 것이다. 이는 자신이 짐짓 다 알고 있는 지식이라 여겨 남을 가르치려 들거나, 지식으로 습득은 하고 있되 현실 세계에서 실천하지 못해 현실과 이론의 괴리라는 폐단을 낳을 수 있다.

② 반대 의견

루소는 어린 시기에 어른들과 토론하는 습관을 가진 아이는 자신의 경험으로부터 지식을 습득하는 것이 아니라 다른 사람의 말을 통해 이론만 습득하는 것이므로 짐짓 우월감을 갖게 되거나 남을 가르치려는 습성을 갖게 된다고 비판하였다.

그러나 어려서부터 어른들과 토론하기를 즐기고 책 읽기에 익숙한 아이들은 자신의 생각을 논리적으로 정리하고 다른 사람들 앞에서 자신의 의견을 발표하는 것을 주저하지 않는다.

흔히 우리나라 교육의 문제점 중 하나로 주입식 교육 방법을 든다. 습득하는 지식에 대한 비판 의식 없이 무조건적으로 수용하기 때문에 자신의 독창적 생각이 많이 부족하다.

주 제 탐 구 **07** 강 루소의 자연 교육

 case 1   시련을 통해 아이는 단련되고 강인해지므로 자연이 주는 시련을 경험하도록 하라고 말하고 있다.

루소는 자연이 온갖 종류의 시련을 주어 이기의 체질을 단련시킨다고 보았다. 이기는 이런 시련을 통해 힘과 생명력을 더 강하게 만들 수 있다. 따라서 자연이 주는 시련을 경험하는 것이 바람직하다는 것이다.

case 2   자연의 이치와 섭리에 걸맞은 교육이란 인간이 본래의 선한 마음을 되찾을 수 있게 하는 자연적 교육이다. 이는 자연 속에서 자연과 더불어 생생한 경험을 하며 자연스럽게 성장하게 해서 인간의 본성을 찾게 하는 교육이다. 이런 교육은 인간다운 인간, 선한 본성을 유지하면서도 이성적으로 생각하고 행동하는 바람직한 인간을 만들기 위한 것이다.

철학자가 들려수는 철학이야기 033

가다머가 들려주는 선입견 이야기

저자_최지윤

고려대학교 철학과 박사 과정을 수료하였고, 어린이철학연구소 강사 및 교재 집필을 했으며, 현재 대진대학교에 출강하고 있다.

가다머

Hans Georg Gadamer

다음 글을 읽고 가다머는 어떤 사람인지, 그의 삶에서 특징적인 점
은 무엇인지 요약하시오.

가다머는 1900년에 독일 마르부르크에서 화학 교수의 아들로 태어나
2002년 3월에 세상을 떠난 독일의 유명한 철학자이다. 102년간 가다머가 장
수할 수 있었던 이유는 평소 운동을 꾸준히 하면서 가공 식품이나 인스턴트
식품을 피했기 때문이라고 한다. 요즘 유행하고 있는 웰빙(well-being)에 관
심이 많았던 것이다. 건강에 대한 이러한 관심은《철학자 가다머, 현대의학
을 말하다》에 잘 나타나 있다.

가다머는 1922년 마르부르크대학에서 플라톤에 관한 논문으로 철학 박
사 학위를 받았다. 또한 하이데거를 만나 깊은 영향을 받았으며, 그의 지도
아래 플라톤에 관한 연구로 교수 자격을 얻었다. 어렸을 때부터 예술, 역사,
문학, 철학 등의 여러 분야에 관심이 많았고 평소 다른 사람을 대하는 태도
가 무척 겸손했다고 한다. 학생들의 질문에 답할 때에는 자신이 알고 있는
내용을 고집하기보다 함께 그 답을 찾아 나가려고 하는 배움의 자세를 보였
다고 한다.

가다머는 사람들의 선입견, 편견이 어떻게 발생하고 어떻게 극복할 것인지에 대한 관심이 많았다. 그의 책《진리와 방법》은 그러한 연구를 통해 만들어진 결과물이다. 이 책은 해석학에서 매우 중요하고 영향력 있는 책으로 손꼽힌다. 실제로 가다머는 철학적 해석학이라고 불리는 연구의 기초를 닦았다고 평가받고 있으며 이후의 많은 철학자들에게 지대한 영향을 끼쳤다.

그의 주요 저서로는《논문집》,《대화의 변증법》,《과학 시대의 이성》등이 손꼽힌다.

주 요 개 념 및 배 경 지 식

1 플라톤

플라톤은 고대 그리스의 철학자로 소크라테스의 제자이기도 하다. 그는 우리가 사는 세계와 달리 절대적으로 참인 것들이 존재하는 세계가 따로 있다고 생각한 철학자이다.

우리가 갖고 있는 '생각하는 능력'으로 이데아의 참된 세계를 알 수 있다고 주장했다.

2 하이데거

독일의 철학자로, 존재에 대해 묻고 답하기를 시도하였다. 그래서 그의 철학을 실존주의라고 부른다.

하이데거는 프라이부르크내학에서 신학과 철학을 공부했고, 마르부르크와 프라이부르크대학에서 학생들을 가르쳤다. 가다머는 하이데거와 교류했고 그의 철학 연구 방법에 크게 영향을 받았다.

3 선입견

선입견이란 어떤 대상을 실제로 경험하기에 앞서서, 즉 내가 갖고 있는 정보나 지식으로 실제 대상을 접하기 전에 미리 판단하는 것을 말한다. 이런 선입견은 일단 한번 만들어지면 고정되기 쉬운 특징을 갖는다. 부정적인 뜻으로는 편견이라고도 하는데, 인종적 편견, 문화적 편견, 성별에 대한 편견 등이 이에 해당한다.

1강 '선입견'은 나쁘기만 할까?
2강 의견 일치는 어떻게 이루어지는 것일까?

01_강 '선입견'은 나쁘기만 할까?

01강 '선입견'은 나쁘기만 할까?

case 1 아래의 글을 살펴보고 주인공 예란이가 말하는 편견의 종류가 무엇인지 적어 보시오.

"왜 우린 여자로 태어났을까? 미동이 말대로 세상에 남자만 있으면 안 되니까 여자도 있는 걸 텐데. 왜 남자들은 자기만 잘난 줄 아는 걸까? 세상에 훌륭한 여자들이 얼마나 많은데. 남자 없이도 얼마든지 잘할 수 있다 이거야. 안 그래?"

예란이가 갑자기 떡볶이를 먹던 포크를 오른손에 꼭 쥐고 테이블을 탕 칩니다.

"예란! 진정해라, 진정해. 네 말이 다 맞아. 맞는데, 그래도 그 훌륭한 여자들도 혼자서만 잘나서 훌륭해진 건 아니잖아. 우리 반 남자 애들도 그래. 물론 너무 까불고 장난이 심한 아이들도 있지만, 그래도 다른 반 남자 아이들이 우리 반 여자 애들을 괴롭히면 나서서 싸워 주기도 하고 그러잖아. 다 조화롭게 살라고 하느님이 만든 거라니까."

역시 미동이는 얌전히 어묵 국물을 홀짝이며 조화를 주장합니다.

"그러니까 조화도 좋고, 다 좋다 이거야. 그런데 왜 엄마는 나랑 남동생이랑 같이 놀고 있어도 항상 나한테만 설거지며 청소며 시키는 거냐고. 어려서부터 부모님들이 이런 식으로 남자, 여자를 구분 지으니까 남자들이 집안일은 당연히 여자가 하는 일이라는 편견을 갖게 되는 거라고."

"효영이 말이 맞아. 우리 엄마도 아빠랑 똑같이 회사를 다니느라 피곤하지만 집안일까지 거의 도맡아 하시거든. 아빠가 아무리 엄마를 도와준다고 해도 엄마가 하는 일을 모두 돕는 건 아니니까."

– 《가다머가 들려주는 선입견 이야기》 중에서

생각 쓰기

학생 회장 선거에 후보로 나선 예란이는 여자이기 때문에 일을 잘 못할 것이라고 판단하는 아이들의 편견 때문에 힘들어 한다. 그러면서 남자이기 때문에 당연히 후보가 되었다고 생각한 승준이를 미워한다. 아래의 글을 읽고 예란이만 편견의 희생자라고 할 수 있을지, 자신의 생각을 적어 보시오.

예란이와 효영이, 미동이는 요즘 듣는 음악 이야기며, 텔레비전 이야기를 하며 신나게 교실을 나섭니다.

"쟤 승준이 아니야? 쟤는 어제 청소했는데."

미동이가 앞서 가는 아이들 중 하나를 가리키며 말합니다. 승준이가 여자 아이들과 신나게 떠들며 무거워 보이는 재활용 쓰레기통을 들고 걸어갑니다.

"쳇, 점수 따려는 거야, 뭐야."

효영이가 입을 삐죽이며 말합니다.

"아니야, 서번에노 승준이가 당번 아닌데도 여자 애들이 무거운 쓰레기통 비울 때 도와주더라. 만날 까부는 것 같아도 친절한 면은 있더라고. 나 당번일 때도 같이 책상 밀어 주고 그랬어."

평소에 도덕 선생님 같은 미동이가 조용조용 말하자 효영이도 입을 한 번 삐죽이고는 아무 말이 없습니다. 아마 정은이나 다른 여자 아이들이 그렇게 승준이를 편드는 말을 했다면 효영이가 가만두지 않았을 겁니다.

"힘이 남아도나 보지. 아이들이 청소를 하게 만든 장본인이 누군데. 반장이라면 저렇게 청소를 도와줄 게 아니라 아이들이 떠들어서 청소에 걸리는 일이 없게 평소에 솔선수범해서 규칙을 잘 지켰어야지."

"뭐, 그 말도 맞네. 호호."

예란이의 말에 미동이는 귀엽게 웃으며 맞장구를 칩니다.

– 《가다머가 들려주는 선입견 이야기》 중에서

생각 쓰기

----

case 3 선입견은 편견과 같은 말일까? 예란이의 오빠 익태는 선입견이 무조건 나쁜 것만은 아니라고 말한다. 어떤 이유에서일까? 아래의 글을 살펴보고 그 이유가 무엇인지 적어 보시오.

"하지만 예란아, 제사는 온 가족이 다 함께 모여 조상들에게 우리 자손들이 모두 잘 지내고 있다고 인사도 하고, 그동안 서로 바빠서 못 만났던 친척들끼리 얼굴도 보며 안부도 묻는 자리란다. 아주 중요한 집안의 행사이지. 예란이 말처럼 고쳐져야 할 부분도 있지만 제사 자체는 우리 민족의 고유한 전통이니까 잘 보존해야 하는 거야."

"하지만 제사 때 남자를 더 중요하게 생각하고 여자들은 부엌일만 해야 한다고 내려온 전통은 나쁜 전통이잖아요."

"그래, 예란이 네 말도 맞아. 우리 전통 중에는 본받아야 할 것도 있지만 더 이상 현실에 맞지 않아서 버려야 할 것들도 분명히 있어. 예를 들어 부모님께 효도하는 전통은 예란이나 오빠가 본받아야 할 전통이지만 예란이 말대로 여자보다 남자를 더 중요하게 생각하는 선입견은 버려야 할 전통이지. 예란이 너 오빠가 얘기했던 가다머란 철학자 생각나니?"

오빠는 집중해서 듣고 있는 예란이에게 불쑥 질문을 던집니다.

"응? 가다머? 음…… 아! 절대적인 것은 없다! 대화를 통해 의견 차이를 좁

혀라!"

"역시 우리 예란이는 오빠가 가르치는 보람이 있다니까."

"가다머? 그게 누구냐?"

아빠가 두 사람의 대화에 끼며 묻습니다.

"독일 철학자인데요, 102세까지 살았고, 대화를 중요하게 생각한 사람이 래요. 그래서 오빠, 가다머가 왜?"

예란이는 귀찮다는 듯이 얼른 설명하고는 오빠를 재촉합니다. 아빠는 짐 짓 삐친 척 입을 삐쭉 내밀고는 두 사람의 얘기에 귀를 기울입니다.

"가다머는 정당한 선입견과 정당하지 못한 선입견을 구별했어. 우리가 얘기한 전통을 생각해 보면, 전통이 인습과는 다른 것처럼 말이야. 인습은 아까 말한 남자가 여자보다 중요하다는 생각들처럼 비판이나 반성 없이 수 용된 것들이지만, 전통은 오랜 시간 동안 사람들에 의해서 비판되고 재해석 되어 전해 내려온 거야. 권위도 마찬가지로 맹목적인 복종하고는 다르지. 권위는 자발적인 참여로 생겨나는 것이고 복종은 힘에 의해 끌려가는 것이 니까."

"아, 그러니까 전통이나 권위는 정당한 선입견이고, 인습이나 맹목적인 복종은 정당하지 못한 선입견이라는 거지?"

"그래 맞아. 그래서 가다머는 정당한 선입견은 우리가 무언가를 이해할 때 전제 조건으로서 도움을 준다고 했어."

익태와 예란이의 이야기를 들으며 아빠는 눈이 반쯤 감겼습니다. 장거리 운전으로 피곤하셨던 모양입니다. 그래도 아빠는 익태와 예란이의 이야기를 놓치지 않고 들으려고 눈을 꼭 감았다 다시 뜹니다.

− 《가다머가 들려주는 선입견 이야기》 중에서

생각 쓰기

1 전통

전통이란 과거부터 전해져 내려온 문화유산을 뜻한다. 즉 단체나 국가 혹은 가문 등에서 과거로부터 전해져 내려오는 관습이나 행동, 양식, 물건, 음식, 사고, 상징물 등이 모두 여기에 포함된다.

2 인습

우리의 생활 모습을 살펴보면 과거부터 형성되어 전해 내려오는 사회적인 습관들을 발견할 수 있다. 이를 관습이라고 하는데, 관습 중에 정당성이 의심되거나 부정되는 관습이 있다. 이를 인습이라고 부른다. 쉽게 말해 어떤 관습에 대한 부정적인 의미를 인습이라고 한다. 사회 구성원들이 왜 그래야 하는가에 대한 정당한 이유를 찾지 못하고 그저 예전부터 전해 내려오는 것이기 때문에 따라야 한다면 이는 인습이라고 할 수 있다.

3 복종

　복종이란 자발적으로 참여하는 것이 아니라 어떤 힘에 의해 끌려가는 상태를 말한다. 그 예로 다른 사람의 명령이나 뜻을 올바로 파악하거나 따져 보지 않고 무조건 따라서 행동하는 것을 말한다.

02강 의견 일치는 어떻게 이루어지는 것일까?

case 1 아래의 글을 살펴보고 좋은 선입견과 나쁜 선입견을 구분할 수 있는 능력이 무엇인지 설명하시오.

"그런데 오빠, 전에 가다머가 절대적인 것은 없기 때문에 대화를 통해 의견 차이를 좁혀야 한다고 말했댔잖아. 그럼 정당한 선입견과 정당하지 못한 선입견을 어떻게 구별하지?"

"그 두 가지를 가려내는 방법은 바로 우리의 비판적 이성의 힘에 의해서지."

오빠는 비판적 이성이라는 말을 하며 검지로 예란이의 머리를 가리킵니다.

"비판적 이성은 과거와 현재의 지평을 연결해 주는 역할을 해. 예란이는 지평이 무슨 뜻인지 아니?"

예란이는 고개를 젓습니다.

"예란이에게는 예란이의 지평, 오빠한테는 오빠의 지평, 아빠한테는 아빠의 지평, 엄마한테는 엄마의 지평이 있어."

오빠의 말은 갈수록 어려워집니다.

"스무 고개도 아니고 뭐야! 난 그런 거 안 가지고 있는데."

예란이가 톡 쏘듯이 말하자 아빠도 오빠도 크게 웃습니다.

"그건 아빠가 설명해 줄 수 있을 것 같은데? 사람들은 각자 살아가면서 경험을 쌓지? 그렇게 쌓인 경험들이 자신의 의견이 되는 거고. 바로 그런 경험들의 특징을 지평이라고 하는 거야. 어떠냐, 익태야? 아빠 말이 맞냐?"

아빠는 어린아이가 스무 고개를 맞추고 기뻐하는 것처럼 흐뭇하게 웃으며 익태를 쳐다봅니다.

"하하하, 네 맞아요, 아빠. 바로 비판적 이성이 하는 일이 과거와 현재의 지평을 연결해 주는 것이에요. 현재의 지평에서 과거를 비판적으로 해석하고 현재의 지평을 확대하는 일이 비판적 이성이 하는 일인 거죠."

"한마디로 과거와 현재의 대화라고 할 수 있겠구나."

"그렇죠. 비판적 이성을 가져야만 이해를 할 수 있고, 비판적 이성을 갖지 못하면 정당하지 못한 권위나 인습에 의존하게 되는 거죠."

오빠와 아빠가 예란이만 쏙 빼놓고 이야기를 하는 것 같아 예란이는 살짝 기분이 상합니다. 예란이의 기분을 눈치 챘는지 오빠가 예란이를 쳐다보며 웃습니다.

− 《가다머가 들려주는 선입견 이야기》 중에서

'과거는 현재를 비추는 거울이다'라는 말이 있다. 즉 과거를 알면 현재를 알 수 있다는 말이다. 그런데 과거는 왜 현재에 영향을 미치는 것일까? 아래의 글을 읽고 그 이유가 무엇인지 설명하시오.

"음……오빠, 전에 승준이가 반장이 되고, 학생 회장 후보가 된 데에는 다 그럴 만한 이유가 쌓여서 된 거라는 얘기도 했었잖아."

예란이는 힘들게 승준이의 이야기를 꺼냅니다. 오늘 본 승준이의 모습에 전에 오빠에게 들었던 이야기가 계속 생각이 났기 때문입니다.

"아, 과거가 현재에 영향을 미치고 있다는 얘기? 그걸 좀 어려운 말로 뭐라고 하는지 가르쳐 줄까?"

"응!"

"영향사 의식."

"영향사 의식?"

"그래, 현재란 단순히 현재가 아니고 과거에 의해 전해진 현재라는 거야. 그러니까 현재란 과거의 축적이라고 할 수 있지. 그런데 요즘 사람들은 과거를 돌아볼 여유가 없이 사니까 현재에만 집착을 하는 거고, 정신없이 앞만 바라보며 사는 거야. 하지만 과거가 없는 현재와 미래란 없는 법이야."

예란이는 오빠의 말에 전적으로 공감한다는 뜻으로 고개를 끄덕입니다. 그러자 눈치 빠른 오빠가 장난스럽게 가자미눈을 하고 예란이에게 묻습니다.

"혹시…… 승준이가 학생 회장 후보가 될 만한 이유라도 찾았니?"

"응?…… 아니…… 뭐."

예란이는 아직 오빠에게 승준이의 좋은 점을 보았다는 얘기를 해 주기는 싫습니다. 자존심이 있지요. 승준이를 욕했던 게 엊그젠데.

하지만 예란이는 승준이에 대해 다시 생각해 보아야겠다고 다짐합니다. 과거가 없는 현재란 없는 법. 오늘 본 승준이의 모습들이 지금의 승준이를 있게 한 이유라면, 그렇다면 편견 없이 승준이를 인정하는 것이 옳은 일일 테니까.

– 《가다머가 들려주는 선입견 이야기》 중에서

생각 쓰기

"승준아, 전에 네가 내가 가진 나쁜 선입견에 대해 이야기했지? 네 말 인정해. 여자는 이렇고, 남자는 이래야 한다는 선입견이 너무 싫어서 나 역시 너무 한쪽으로 치우친 생각을 했던 것 같아. 모든 사람들이 여자라서 할 수 없는 일, 남자만 할 수 있는 일을 항상 구분하면서 사는 건 아닌데. 내가 좀 예민했었던 것 같아. 너는 너 나름의 방식대로 아이들과 가까워지는 것일 테고 아이들이 그런 너의 방식을 좋아한다면 그것 역시 아이들의 자유 의사일 텐데 말이야. 어쨌건 그동안 너를 오해했던 부분 사과할게."

"……."

"야! 사람 무안하게 왜 말이 없어?"

승준이는 예란이의 이야기에 그저 멍하게 눈만 껌뻑일 뿐입니다.

"응? 어…… 글쎄, 네가 나를 오해했었는지 몰랐는데…… 헤헤."

승준이는 예란이를 보며 기분 좋게 웃습니다. 정말 몰랐다는 건지, 알았어도 상관이 없다는 건지 기분 좋게 웃는 승준이를 보니 예란이도 피식 웃음이 나옵니다.

"난 네가 학생 회장이 되었으면 좋겠어."

뜬금없는 승준이의 말에 예란이의 눈이 동그래집니다.

"야, 한승준. 내 사과가 아무리 감동적이었대도 학생 회장 자리를 내놓을 정도는 아닌데."

"하하, 그런 게 아니구. 사실 난 너만큼 공부를 잘 하는 것도 아니고, 너만큼 규칙을 솔선수범해서 잘 지키지도 못하잖아. 그래서 너만큼 통솔력 있게 아이들을 이끌지도 못하고. 그래서 회장으로는 네가 더 적합한 것 같아. 사실 반장인 나보다 부반장인 네가 학급의 중요한 일들에 더 열심이기도 하고.

지난 번 강당에서 이야기했던 건 그냥 너 놀려 주려고 했던 말이니까 심각하게 생각할 거 없어. 사실 내가 남자니까 더 힘이 세고, 그래서 여자보다 더 우월하다고 생각할 때도 많았어. 하지만 너처럼 힘이 아닌 부드러운, 그 뭐냐…… 카리스마! 그래, 부드러운 카리스마로도 충분히 힘을 발휘할 수 있다는 걸 알았지. 그래도 뭐 나는 그렇게는 못하겠지만."

다시 승준이는 기분 좋은 웃음을 웃으며 예란이를 쳐다봅니다.

"그래, 뭐. 그렇게 말해주니 고맙긴 한데. 네가 그렇게 생각해 준다고 내가 회장이 될 수 있는 건 아니니까 뭐, 난 너처럼 아이들을 즐겁게 해주는 재주가 있는 것도 아니고……너랑 나랑 딱 반씩 섞어 놓으면 좋겠는데 말이야. 헤헤……. 아! 그래, 맞다! 그렇게 하면 되겠다."

"······?"

예란이의 눈이 반짝하고 빛납니다.

"그래! 지평 융합! 마음을 열고 대화를 하면 안 되는 게 없다니까!"

"······?"

승준이는 여전히 무슨 소리를 하는 건지 모르겠다는 표정입니다. 예란이만이 회심의 미소를 띠고 승준이를 바라봅니다.

– 《가다머가 들려주는 선입견 이야기》 중에서

생각 쓰기

- -

- -

- -

- -

- -

- -

- -

- -

1 지평 융합

가다머는 지평 융합이란 자신과 다른 사람이 서로의 전통과 권위를 인정하면서 자신의 생각을 다른 사람과의 대화를 통해 영향을 받아가는 과정이라고 보았다.

사람들은 각자의 경험에 바탕을 둔 저마다의 지평을 갖고 있다. 이러한 지평은 각기 다르기 때문에 사회에서 살아가면서 시간과 장소를 가리지 않고 늘 충돌하고 부딪히게 된다.

2 영향사 의식

영향사 의식이란 우리의 행위와 사고가 과거로부터 내려오는 것들과 그것의 영향 아래 놓인다는 사실을 의식하는 것을 말한다.

가다머는 현재는 항상 과거의 영향 아래 놓일 수밖에 없다고 말했다.

아비투어 철학 논술

예시 답안

① 가다머는 유명한 독일의 철학자로 평소 운동과 먹는 음식에 대한 관심이 높았고 102세까지 장수했다.

② 1922년 마르부르크대학에서 플라톤에 관한 논문으로 철학 박사 학위를 받았다.

③ 가다머는 어렸을 때부터 예술, 역사, 문학, 철학 등 여러 분야에 관심이 많았다.

④ 학생들이나 다른 사람들을 대하는 태도가 무척 겸손하고 배움의 자세가 돋보인 인물이었다.

⑤ 《진리와 방법》은 선입견의 발생과 극복 과정에 대한 그의 철학을 담은 책이다.

⑥ 가다머는 철학적 해석학의 기초를 닦은 인물로 많은 철학자들에게 영향을 끼쳤다.

주 제 탐 구   **01**강   선입견은 나쁘기만 할까?

case 1 제시문에서 예란이는 여자이기 때문에 경험할 수밖에 없는 편견들에 대해 이야기하고 있다. 다시 말해 성별에 따른 편견을 말하고 있는데, 능력 때문이 아니라 남자와 여자라는 조건 때문에 어떤 일을 해야 할 것인지 말아야 할 것인지가 정해지는 경우인 것이다. 이는 마치 타고난 성별만큼이나 남자 일, 여자 일이 따로 정해져 있다는 생각을 담고 있다. 예란이의 경우는 성별의 문제였지만 이 외에도 어린이이기 때문에 겪는 편견, 특정 학교에 다니기 때문에 겪는 편견, 어떤 동네에 살기 때문에 겪는 편견, 어떤 친구와 친하기 때문에 다른 친구로부터 겪는 편견 등 일상에서 겪을 수 있는 편견의 종류는 무수히 많다.

case 2 예란이는 학급에서 부반장이란 직책을 맡고 있다. 예란이는 승준이가 남자라서 반장이 되었다고 생각할 뿐 승준이가 갖고 있는 장점을 객관적으로 인정해 주지 않고 있다. 그래서 승준이가 반 아이들을 도와 청소하는 것도 친구들에게 점수를 따려고 하는 행동이라고 생각한다. 예란이가 학생 회장 후보로 나설 때 몇몇 반 아이들이 예란이를 여자라는 이유로 편견을 갖고 대한다. 예란이 입장에서는 억울할 만도 하지만 승준이에 대한 예란이의 생각 역시 객관적인 입장에서 판단한 것이라고 할 수 없다. 예란이는 승준이의 행동이 아이들에게 점수를 따기 위한 것이라고 생각하기 때문이다. 예란이는 자신이 편견의 희생자라고만 생각했지 자신이 남을 편견으로 대한다는 생각은 미처 하지 못하고 있다. 이런 경우는 우리들의 일상에서도 흔히 접할 수 있는 일화이다. 많은 사람들이 초등학생이라서, 황인종이어서 등의 여러 가지 이유로 다른 사람들로부터 정당하게 평가받지 못하고 있는 것이 오늘날의 현실이다. 하지만 우리 역시 어른들이나 다른 인종 등 다른 입장에 놓은 사람들에 대해 정당하게 평가하고 있는지 반성해 보아야 한다. 다른 사람들의 편견만 꼬집어 낼 것이 아니라 내 자신도 그들처럼 편견의 잣대로 타인을 평가하고 있는 것은 아닌지 자신을 되돌아볼 수 있어야 한다.

case 3 예란이의 오빠 익태는 가다머라는 철학자의 말을 빌려 선입견의 종류를 구별하고 있다. 선입견은 좋은 것과 나쁜 것으로 구별된다는 것이다. 예를 들어 예란이가 부당하다고 생각한 제사 때 여자들만 일한다는 관습은 나쁜 선입견, 여기서는 인습에 해당된다. 반면에 제사를 통해 자손들이 서로 만나고 우애를 다지면서 조상들에 대해 공경하는 마음을 기르는 것은 좋은 선입견, 여기서는 전통에 해당된다. 이처럼 가다머는 선입견에도 좋은 선입견이 있어 이는 정당한 것이라고 주장한다. 예를 들어 한국의 문화를 알고자 하는 외국인들은 제사와 같은 우리 민족의 전통을 먼저 안 후에야 한국의 문화를 올바로 이해할 수 있을 것이다. 이처럼 우리가 무언가를 이해할 때 정당한 선입견은 도움을 줄 수 있다. 반면에 나쁜 선입견, 즉 정당하지 않은 선입견은 힘에 의해 끌려가는 것으로, 반성 없이 맹목적인 복종만을 요구한다. 이러한 선입견은 오히려 무언가를 올바로 이해하는 데 방해가 될 뿐이다. 예를 들어 제사 때 여자들만 일해야 한다는 생각을 살펴보면 이는 정당한 이유가 있어서라기보다 관습이 습관처럼 받아들여져 고정되어 버린 것에 불과하다.

주 제 탐 구 **02**강 의견 일치는 어떻게 이루어지는 것일까?

case 1 가다머는 정당한 선입견과 정당하지 않은, 즉 부당한 선입견을 구분하는 능력은 비판적 이성에 의해서만 가능하다고 주장한다. 또한 사람들은 자신만의 지평을 갖고 있는데, 비판적 이성은 과거와 현재의 지평을 연결해 주는 역할을 한다고 주장한다. 사람들은 살아가면서 각자의 경험을 쌓아 나가고 의견들을 만들어 가는데, 이러한 과정에서 다른 사람이나 어떤 현상에 대한 해석의 틀을 마련하게 된다. 가다머는 이런 경험들의 특징을 지평이라고 말한다. 그런데 사람들이 과거를 비판적으로 해석하고 현재의 지평을 확대할 수 있는 것은 바로 비판적 이성이 있기 때문에 가능한 것이다. 인간이 동물과 다른 점은 이성이 있다는 것이고, 비판적 이성으로만 올바른 이해에 도달할 수 있다. 그렇지 않다면 정당하지 않은 권위나 인습에 의존하게 될 수밖에 없다. 편견 혹은 부당한 선입견은 이러한 비판적 이성이 작동하지 않아 나타나는 결과라고 할 수 있다.

case 2 제시문을 살펴보면 현재는 단순히 현재가 아니라 과거로부터 전해 내려온 현재라는 말이 나온다. 가다머는 이를 '영향사 의식'이라고 말한다. 다시 말해 우리의 현재 모습을 올바로 이해하기 위해서는 현재를 있게 한 과거를 알아야 한다는 것이다. 그리고 그러한 과거를 아는 것이 바로 선입견에 해당한다. 이는 현재 한국인의 모습을 제대로 알기 위해서는 한국인의 역사를 알아야 한다는 말에 빗대어 생각해 볼 수 있다. 즉 외국인이 한국인에 대해 갖고 있는 선입견은 한국인의 역사에 의해 만들어진 것이고, 이러한 선입견을 바탕으로 한국인을 이해할 수 있는 가능성이 열리는 것이다. 하지만 선입견만으로 현재의 한국인에 대해 판단한다면 이는 한국인에 대한 편견이라고 할 수 있을 것이다. 따라서 한국인을 올바르게 이해하기 위해서는 현재의 지평과 과거의 지평이 서로 만나야 한다. 그 과정을 통해 현재의 한국인에 대한 올바른 해석이 나올 수 있다.

case 3 예란이는 여자라는 자신의 조건에 친구들이 갖고 있는 편견 때문에 힘들다고 생각했지만, 예란이 역시 승준이를 편견으로 대했다. 예란이는 승준이가 남자이기 때문에 반장이 된 것이 아니라, 반장이 될 만한 자격을 갖춘 아이라는 것을 알기까지 승준이에 대해 올바른 견해를 갖지 못했다. 반면에 승준이는 예란이가 규칙만을 고집하는 꽉 막힌 아이라고 생각했지만 타인의 장점을 인정하고 포용하는 예란이의 모습에 감동한다. 이렇듯 예란이와 승준이가 서로에 대한 선입견을 버리고 서로의 의견 차이를 좁히는 과정이 어떻게 이루어진 것인지 한번 생각해 보자. 가다머는 서로 간의 의견 차이를 극복하고 상대방을 이해하는 데 이르는 것을 '지평 융합'이라고 부른다. 그리고 그 과정은 비판적 이성을 갖고 서로 대화하고 토론함으로써 이루어질 수 있다고 말한다. 선입견은 결코 나쁜 것이 아니다. 그에 의하면 오히려 상대방을 올바로 이해하기 위한 바탕이 될 수도 있다. 그러나 이러한 선입견만을 그대로 고집한다고 해서 반드시 상대방을 올바로 이해할 수 있는 것은 아니다. 각자의 편견에 사로잡혀 상대방을 오해하고 미워하는 것을 반성하고, 비판적 이성을 갖고 서로 대화와 토론을 통해 의견 차이를 좁혀 나간다면 오해를 벗고 서로를 이해하게 될 것이다.

철학자가 들려주는 철학이야기 034

비트겐슈타인이 들려주는 언어 이야기

저자_ 이정배

강원대학교 물리학과를 졸업하고 감리교신학대학교 대학원에서 석사 학위를
받았다. 현재 강원대학교 국어국문학과 박사 과정 중에 있고, 춘천 YMCA,
YWCA 독서 지도사 자격 과정 전임 강사로 활동하고 있으며, 2004년과 2005년
에 강원청소년영화제 심사위원장과 2005년 FISH EYE 국제영화제 심사위원장
을 역임했다.

비트겐슈타인

Ludwig J. J Wittgenstein

다음 제시문을 보고 비트겐슈타인이 어떤 인물인지 요약하시오.

　　비트겐슈타인은 1899년 4월 26일 오스트리아 빈의 부유한 가문에서 막내 아들로 태어났다. 유대인계 후손인 부모는 굉장한 부자여서 가족들은 귀족처럼 생활할 수 있었다. 그들은 빈에 있는 궁전 같은 집에 살면서 교외에 있는 별장과 또 다른 곳에 있는 호화 저택을 번갈아 사용하면서 부족함 없는 생활을 하였다. 예를 들면, 그들 가족은 저녁이 되면 음악 모임을 갖곤 했는데 그 모임에는 우리가 잘 아는 음악가 브람스, 말러 등이 참석하곤 했다. 이처럼 비트겐슈타인은 어렸을 때부터 풍요롭고 예술적인 분위기 속에서 자랐다.

　　그는 성장하면서 철학에 관심을 가지고 연구하다가 철학에서 가장 중요한 문제는 언어의 문제라고 생각하게 된다. 그래서 철학의 문제를 해결하기 위해서는 반드시 언어의 문제를 먼저 해결해야 한다고 주장하면서 언어에 대한 연구를 집중적으로 하게 된다.

　　1차 세계대전이 일어나자 오스트리아군에 자원입대하였다. 그는 전쟁터에서 자신의 생각을 일기 형식으로 정리했는데 그것이 유일한 친필 저서인

《논리철학논고》이다. 나중에 교수로 지내는 동안 그가 남긴 노트를 제자들이 정리하여《철학적 탐구》라는 책으로 편찬한다.

비트겐슈타인은 언어를 알기 위해서 '언어를 이루는 가장 기본적인 것이 무엇인가' 하는 물음에서부터 시작하였다.

비트겐슈타인은 이러한 생각을 바탕으로 세계는 가장 단순한 명제들에 의해서 설명될 수 있다고 보았다.

주 요 개 념 및 배 경 지 식

1 빈

오스트리아의 수도이다. 도나우 강을 따라 자리 잡고 있으며 동유럽과 서유럽 사이의 관문 역할을 한다. 1558~1806년에 신성로마제국의 중심지였고, 그 후 1918년까지는 오스트리아~헝가리 제국의 중심지였다. 품위 있고 거대한 문화적 위업을 이룬 도시로서 건축과 음악으로 유명하다.

2 명제

명제는 어떤 속성이 어떤 사물에 속한다든지 어떤 사물들 간에 어떤 관계가 성립한다는 상황을 보여 준다. 사물·속성·관계 등을 나타내는 개념이란 단어와는 다르다. 한 명제가 나타내는 상황이 사실과 일치하는 경우에 그 명제를 '참'이라 하고 일치하지 않으면 '거짓'이라고 한다. 명제는 보통 문장으로 표현되지만 명제와 문장은 같지 않다. 명제는 참이거나 거짓으로 나타낸다. 이런 점에서 명제는 질문·명령·감탄 등과 구별된다.

1강 언어란 무엇인가?
2강 세상과 언어

01강 언어란 무엇인가?

case 1 **다음 글을 보면 가족들의 이야기 속에 언어의 역할이 드러나 있다. 이 글을 읽고 언어의 역할을 설명하시오.**

"아빠는 해라가 너무 좋아."

"해라도 아빠가 너무 좋아."

아빠는 해라의 말에 뿌듯하면서도 가슴이 찡해집니다. 세상에 부러울 게 없는 얼굴입니다. 해이는 몰래 가슴을 쓸어내립니다. 하지만 아직 마음을 놓을 수 없습니다. 해류가 갑자기 잡초 이야기를 꺼낸 게 걸립니다.

"그리고 잡초 뽑기는 세상에서 가장 재미있는 일이라고 해이 오빠가 그랬는걸요?"

"오호라, 해이가 그랬단 말이지?"

해류의 입가에 미소가 번지자 아빠는 싱긋 웃어 줍니다. 하지만 드디어 올 것이 오고야 말았습니다. 해이는 순간 눈앞이 캄캄해집니다.

"잡초 뽑기가 세상에서 제일 재미있는 일이라고?"

엄마가 이상하다는 듯이 말합니다.

'그건 엄마가 먼저 한 말이잖아!'

"정말 해이는 잡초 뽑기를 좋아하는구나."

아빠가 눈을 동그랗게 뜨고 해이를 바라봅니다.

'좋아할 리가 없잖아!'

"그게 그렇게 재미있어? 신기한 놈."

해신이 진짜 신기하다는 듯 해이를 바라봅니다.

'절대 재미있지 않다니까!'

"해라야, 땡볕 아래 오래 있는 거 힘들지 않아?"

해류가 해라를 보며 말합니다.

'나도 땡볕이 싫다고!'

"응, 그건 좀 힘들어."

해라의 말이 끝나자마자 식탁엔 침묵이 흐릅니다. 여덟 개의 검은 눈이 일제히 해이를 향합니다.

"해라가, 해라가, 해라가, 힘들다고 하잖아."

검은 오라가 해이를 향해 뻗어 옵니다. 칡덩굴처럼 해이를 칭칭 감습니다.

"아, 앞으로 잡초 뽑기는 나 혼자 할게. 하하하! 진짜 재미있거든. 하하하."

땡땡땡. 상황 끝. 모두 식탁에서 일어납니다.

"아니야, 이게 아니야! 아니라고! 다들 내 말 좀 들어 봐!"

해이의 머릿속에서 많은 말들이 와글와글 외치지만 입만 어버어버 벙긋벙긋할 뿐입니다.

-《비트겐슈타인이 들려주는 언어 이야기》 중에서

생각 쓰기

언어

언어는 말하기, 글쓰기 등의 형태로 나타나는 습관적인 기호이다. 언어는 단순한 소리가 아니다. 인간은 언어를 사용하여 어느 집단의 구성원이 되기도 하고, 집단의 문화에 함께 어울리기도 한다.

현대 언어학에서는 언어를 기호라고 한다. 언어는 그것을 나타내는 표시가 있고 그 표시가 담고 있는 의미가 있다. 표시는 무엇을 가리키는 것이며 그것은 일종의 약속이다. 우리는 누군가 '쉿!'이라고 한다면 조용히 하라는 뜻으로 이해하고 말을 멈춘다. 그러나 이 표시를 소리를 지르라는 뜻으로 이해하고 있는 사람이 같은 무리 중에 있다면 문제가 생길 것이다. 그런 면에서 언어는 약속이고 관습이다.

case 2 다음 글은 어떤 사물과 그것을 부르는 이름에 관련된 이야기이다. 잘 살펴보고 사물과 언어의 관계를 설명하시오.

"청운동, 양지마을, 까치산……."

소리 내어 읽어 봅니다. 어딘지 모르는 낯선 지역들이 마치 외국의 지명 같습니다. 해이는 단순하게 소리 내어 발음하는 것이 재미있다고 느낍니다. 예전에는 몰랐던 즐거움입니다.

"청운동."

'청운동? 푸른 구름 동네? 에이, 푸른 구름이 어디 있어. 그럼 푸른 청이 아닌가?'

해이는 골똘히 생각에 잠깁니다.

'어쩌면 동네랑 이름이랑은 아무 상관없는 게 아닐까? 양지마을만 해도 그래. 그 동네가 양지인지 음지인지 어떻게 알지? 게다가 까치산? 까치들이 산을 이룬다는 거야, 까치 모양의 산이라는 거야?'

해이는 어디로 가야겠다는 생각조차 잊고, 잠시 생각에 빠집니다. 그러고 보니 세상의 모든 사물은 저마다 이름을 갖고 있습니다. 하지만 사물이 이름과 꼭 맞아떨어지거나 일치하는 것은 아니라는 생각도 듭니다. 도대체 사물과 이름은 어떤 관계일까요?

– 《비트겐슈타인이 들려주는 언어 이야기》 중에서

1 약속

말이 통하기 위해서는 서로의 약속이 일치해야 한다. 다른 뜻으로 각자 말을 해석하다 보면 싸움이 나거나, 그 말뜻을 전혀 알 수 없게 되기도 한다. 언어의 약속은 언제부터 시작되었는지 잘 모른다. 그러나 우리는 부모로부터 자연스럽게 그 약속을 배운다. 어린아이가 자라서 밖에 나가면, 같은 약속을 갖고 있는 아이들은 쉽게 이야기를 나눌 수 있게 된다.

2 관습

언어는 관습이다. 관습이란 오랫동안 약속이 쌓여 만들어진 습관을 뜻한다. 말을 하면서 자신의 언어 습관을 하나하나 점검하는 사람은 없다. 몸에 깊이 배어 있기 때문에 무의식적으로 사용한다.

02_강 세상과 언어

case 1 **언어는 사람들을 세상과 연결시켜 주는 중요한 역할을 한다. 아래 글을 보고 세상과 언어가 어떤 관계에 놓여 있는지 설명하시오.**

"헤이야, 네가 공항에 올 때 버스를 타고 왔다고 했지?"

"응, 공항 리무진."

"네가 버스를 탄 건 너와 버스가 관계를 맺은 거라고 볼 수 있을까?"

"그렇지, 분명히 관계를 맺은 거지. 내가 그 버스를 타지 않았으면 아무 상관없었겠지만."

"그럼 다시 생각해 보자. 네가 있는 것도 사실이고 버스가 있는 것도 사실이야. 그러니까 세상은 사실들로 이루어져 있지. 그런데 사실이란 사물들이 어떤 관계를 맺는 거니까 이 관계들을 언어로 표현하면 세상을 알 수 있지 않을까?"

– 《비트겐슈타인이 들려주는 언어 이야기》 중에서

생각 쓰기

1 세상

우리가 살고 있는 곳을 보통 세상이라고 부른다. 그러나 철학에서는 나 자신을 제외한 모든 것을 세상이라고 부른다. 철학에서의 세상은 내면 세계를 제외한 외부 세계 전체를 말한다. 물건이나 사람도 이 세계 속에 포함된다.

2 관계 맺음

인간은 사회적 동물이다. 이 말은 곧 인간이 혼자서는 살 수 없다는 뜻이다. 인간은 무엇인가를 누군가와 주고받으며 살지 않으면 안 된다. 물건이 아니라면 생각이라도 주고받아야 한다. 이러한 주고받음이 이루어지는 것을 관계 맺음이라고 한다. 사람과 사람만이 관계를 맺는 것은 아니다. 사람은 동물, 식물, 심지어 무생물과도 관계를 맺는다. 이 관계 맺음의 한가운데 언어가 있다.

세상을 언어로 그릴 수 있는가? 조금은 엉뚱한 이야기 같지만 세상의 모든 것을 언어로 나타낼 수 있다고 비트겐슈타인은 말했다. 이 말 속에는 어떤 의도가 숨어 있다. 무슨 뜻인지 곰곰이 생각해 보고 설명하시오.

"그럼 언어가 우리에게 세상을 보여 주는 거야?"

신조는 고개를 크게 끄덕입니다.

해이는 뭔가 신기한 것이 가슴속에서 솟아오르는 것을 느낍니다. 말이라는 것이 해이의 가슴에 작은 뿌리를 내리고 무럭무럭 자라는 것 같습니다.

"비트겐슈타인은 세상을 언어로 모두 그릴 수 있다고 생각했어. 그래서 이런 말을 남겼지. 말할 수 있는 것에 대해선 정확히 말하고, 말할 수 없는 것에 대해선 침묵하라."

해이는 신조의 말을 가슴속 깊이 새깁니다. 알지 못하는 것을 알은척 말하거나 말할 수 없는 것에 대해 억지로 말하려고 할 때 세상은 혼란과 거짓에 빠지는 건 아닐까 생각합니다. 옆에서는 천우가 '생각하는 사람' 자세로 여전히 쿨쿨 자고 있습니다. 마치 말할 것이 없어 침묵한다는 듯이 말입니다.

— 《비트겐슈타인이 들려주는 언어 이야기》 중에서

사실

눈앞에서 일어난 일을 우리는 사실이라고 한다. 그러나 때론 우리의 눈도 믿을 게 못 된다. 남들이 다 보는 것을 나만 못 보는 경우도 있고, 반대로 나만 어떤 것을 분명하게 보기도 하기 때문이다.

같은 장소, 같은 시간에서 같은 것을 보았어도 누구의 입장에서 말하느냐에 따라 전혀 다른 것을 보았다고 느낄 수 있다. 다시 말해서 자신의 관점에서 생각하는 대로만 보기 때문이다. 그런 의미에서 세상에 사실은 없을지도 모른다. 각자 나름대로 본 느낌과 해석만 있을 수도 있다.

아비투어 철학 논술

예시 답안

① 1899년 4월 26일 오스트리아 빈의 부유한 가문에서 막내아들로 태어났다.

② 어렸을 때부터 풍요롭고 예술적인 분위기 속에서 자랐는데, 성장하면서 철학에 관심을 갖고 연구하다가 철학에서 가장 중요한 문제는 언어의 문제라는 생각을 하게 된다.

③ 언어를 알기 위해서 '언어를 이루는 가장 기본적인 것이 무엇인가' 하는 물음에서부터 그 연구가 시작되었다.

④ 저서로는 《논리철학논고》와 《철학적 탐구》가 있다.

주 제 탐 구 **01강** 언어란 무엇인가?

case 1 언어는 감정을 전달하는 역할을 한다. 언어는 '좋다', '재미있다' 등의 감정을 상대방에게 전달한다. 단순히 자기표현이라고 할 수도 있지만 자신의 감정을 상대에게 표현한다는 점에서 전달이라고 보아도 좋다.

다음으로 언어는 생각을 전달한다. 말을 통해 상대방에게 자신의 의도를 전달하는데, 이것은 생각처럼 쉽지 않다. 왜냐하면 상대방이 오해하는 경우가 많기 때문이다.

마지막으로 언어는 의미를 전달한다. "나는 네가 미워"라고 말하지만 실은 너무 예뻐서 그렇게 표현할 수도 있다. 상대가 그 말의 의미를 제대로 파악한다면 그런 말을 듣고도 즐거워할 것이다.

이처럼 언어는 여러 가지 중요한 역할을 한다. 언어는 서로를 이어 주는 중요한 도구이면서 성능 좋은 무기와도 같다. 언어를 잘 다룰 줄 안다면 강력한 힘과 능력을 갖고 있는 셈이다.

case 2 보통 하나의 언어는 하나의 의미를 갖고 있다. 왜냐하면 하나의 언어가 하나의 사물을 가리키기 때문이다. 사람들은 자신이 가리키는 대상을 잘 나타낼 수 있도록 이름을 정해 놓고 있다. 만일 '예쁜이', '깜찍이' 등의 이름을 가진 강아지를 본다면 어느 정도 그 강아지의 성격을 파악할 수 있다.

그러나 언어는 반드시 그 언어가 가리키는 사물의 성격과 맞는 것은 아니다. 낯선 이름을 가진 사물들도 많기 때문에 그 이름을 잊어버리거나 성격을 잘못 알고 있는 경우도 생길 수 있다.

사물을 쉽게 잘 알기 위해서는 사물의 성격과 이름이 일치되는 것이 좋다.

주 제 탐 구 **02강** 세상과 언어

case 1 '너'라는 언어와 '버스'라는 언어는 각각 특정한 사물을 가리킨다. '네가 버스를 탄다'라는 언어는 그 사물들 사이의 관계를 나타낸다. 우리는 언어를 통해 그것이 가리키는 사물들이나 그 사물들 사이의 관계를 직접 경험하지 않고도 알 수 있다.

이렇게 세상과 우리를 연결해 주는 것이 언어이다. 언어를 통해 우리는 세상의 모든 것들과 관계를 맺으며 살아간다.

case 2 어떤 이들은 눈으로 보지 않고도 직접 본 것처럼 이야기하는 경우가 있다. 그런 사람의 이야기를 듣다 보면, 모든 것이 내 눈앞에 펼쳐져 있는 것 같은 착각이 든다. 어떤 때는 직접 보고 그린 사람보다 더 정확하게 이야기해 주기도 한다.

언어가 세상을 그림처럼 보여 줄 수 있는 것은 언어가 우리가 직접 경험할 수 있는 세상의 사물들과 그 사물들 사이에 관계를 표현하는 수단이기 때문이다.

철학자가 들려주는 철학이야기 035

막스 베버가 들려주는 카리스마 이야기

저자_ 소병일
고려대학교 대학원 철학과 박사 과정을 수료했으며, 중앙유웨이 논·구술 특강 논술 전문위원으로, 현재 동덕여대에서 '발표와 토론' 강사로 재직 중이다.

인 물 탐 구

막스 베버

Max Weber

다음은 막스 베버에 관한 글이다. 글을 잘 읽고, 중요한 내용을 간략
하게 요약하시오.

막스 베버는 1864년 4월 21일 독일 튀링겐의 에르푸르트에서 8남매 중 장
남으로 태어났다. 경건하고도 엄숙한 종교적 성향을 지닌 어머니와 베버 자
신과는 다른 사고를 가진 아버지와 성격 차이로 갈등을 겪었던 베버는 이로
인해 한 가지 일을 생각하면 다른 것은 생각하지 않는 편집증적 성격을 지
니게 된다.

베버는 하이델베르크대학, 베를린대학 등 독일 각지의 네 개 대학에서 철
학, 역사학, 경제학을 공부하였고, 1892년 베를린대학을 시작으로 프라이부
르크대학, 하이델베르크대학 등에서 강의하고 학문을 연구하였다. 1910년
에 독일사회학회를 창설한 베버는 사회학자는 개인의 감정과 사상에 관심
을 가지고 연구해야 한다면서, 이해(understanding)의 방법을 제안하였다. 이
해는 다른 사람들이 그들의 행동에 부여하는 의미를 그들의 입장에서 이해
하는 것을 말한다.

또한 베버가 사용한 용어 중에 '카리스마' 라는 말이 있는데, 이는 본래

그리스도교 용어로 '은혜'라는 뜻이다. 그리고 이것은 《신약성서》에서 '다시 거두어 가지 않는 하느님의 선물 전체'를 뜻하기도 하고, 예수 그리스도가 인간에게 거저 베푸는 은총의 선물'을 뜻하기도 한다.

베버는 이 말의 원래 뜻을 확대하여 사회과학적인 개념으로 확립시켰는데, 보통의 인간과는 다른 초자연적·초인간적 재능이나 힘을 카리스마라고 불렀다.

베버는 하이델베르크대학 재직 중에, 심한 신경쇠약에 걸려 사표를 제출하였으나 쉽게 사표 처리가 되지 않았다고 한다. 그 뒤 유럽 각지에서의 투병 생활 끝에 1902년경부터 다시 연구 생활에 들어간 베버는 〈사회과학 및 사회정책〉 잡지의 편집을 맡아 보고, 〈사회과학적 및 사회정책적 인식의 객관성〉(1904) 등의 논문을 집필하였다.

제1차 세계대전이 일어나자 베버는 군에 입대하였고, 제대 후에는 정치 활동에 힘썼다. 또한 그는 학문에 몰두하면서 여러 차례 우울증과 광적인 예민함을 드러내기도 하였다. 1920년 6월 폐렴으로 숨을 거두었다.

　대표적인 저서로는《청교도 윤리와 자본주의 정신》(1905),《직업으로서의 학문》(1919),《종교사회학 논집》(1920)이 있다.

생각 쓰기

주 제 탐 구

1강 지배가 가능한 이유는 무엇인가?
2강 지배의 세 가지 형태
3강 관료와 정치가의 올바른 모습

01강 지배가 가능한 이유는 무엇인가?

case 1 **다음 글을 읽고 막스 베버는 '지배가 가능한 이유'를 무엇으로 보았는지 설명하시오.**

사람은 다른 사람을 지배하기도 하고 다른 사람에 의해 지배를 당하기도 한다. 이처럼 다른 사람과의 지배 관계가 가능한 이유는 무엇일까?

막스 베버는 다른 사람을 지배할 수 있는 힘이 바로 권위에서 나온다고 보았다. 권위란 지배 받는 사람이 지배자의 행위가 정당하다고 믿을 때 나오는 것이다.

막스 베버는 이러한 권위를 세 가지 유형으로 구분하였다.

첫째는 전통적 권위이다. 이것은 한 집안에서 할아버지, 아버지와 같은 분들이 갖는 권위로 오랜 경험과 전통을 이어받은 어른들에게 나타나는 권위를 말한다.

둘째는 카리스마적 권위이다. 카리스마란 '하늘의 은총'이라는 뜻으로, 신이 부여한 특별한 능력을 말한다. 이러한 권위는 한 개인이 갖는 우수성과 능력에서 비롯된다. 지도자는 자신의 직위를 이용해 카리스마적 권위를 갖기도 하지만, 반대로 내면에서 우러나오는 카리스마를 통해 자신의 직위를 강화하기도 한다.

　마지막으로 법의 권위이다. 옛날부터 사회에는 모두가 지켜야 하는 다양한 법이 존재하고, 또한 그 법을 만들고 집행하는 사람들이 있다. 이처럼 법이나 법관, 행정관과 같은 관료들이 갖는 권위가 법적 권위이다.

생각 쓰기

02강 지배의 세 가지 형태

case 1 다음 글을 읽고, 막스 베버가 말한 권위의 세 가지 형태와 그 권위로부터 나타나는 세 가지 지배 형태의 특징을 요약하시오.

막스 베버는 세 가지 권위, 즉 전통적 권위, 카리스마적 권위, 법적 권위로부터 세 가지 지배 형태가 나타난다고 말한다.

우선 전통적 지배는 관습에 따라서 나이 혹은 경험이 많은 사람이나 돈이 많은 사람 등에 의해 이루어지는 지배 형태로 비합리적인 부분이 많다. 이러한 지배 형태는 가부장제에서 잘 드러난다. 전통적 지배는 대개 보수적이고 발전성이 없으며 주로 촌락 공동체나 개인 기업에서 찾아볼 수 있다.

두 번째로 카리스마적 지배란 평범한 사람에게서는 볼 수 없는 특출한 능력을 가진 지도자에 의해 이루어지는 지배 형태이다. 지도자의 카리스마가 클수록 조직의 역동성도 증가한다. 그러나 지도자의 역량에 의한 지배 형태이기 때문에 불안정하기도 하고 때로는 좋지 못한 결과를 낳을 수도 있다. 나폴레옹이나 히틀러 등과 같은 역사 속 독재자들에게서 이러한 지배 형태의 모습을 엿볼 수 있다.

세 번째로 법적 권위에서 나오는 합법적 지배는 법률 또는 규정에 따라 이루어지는 지배이다. 법률이나 규정이 올바르게 기능하고 있는 한 지도자의 인간적인 부분은 지배에 그다지 영향을 미치지 않는다. 합법적 지배 형태는 안정적이긴 하지만, 역동성이 떨어지는 지배 관계로 보통 관료제의 형태로 나타난다.

생각 쓰기

"원래 카리스마란 '신이 주신 재능' 이라는 단어에서 유래된 말이에요.
그래서 현대에는 특별한 능력이나 자질을 지닌 사람이 자신을 카리스마적
지도자로 내세워 특별한 능력을 신에게 받은 것처럼 행사하기도 했지요. 여
러분이 잘 알고 있는 보나파르트 나폴레옹이나 아돌프 히틀러, 모택동 등이
그 대표적인 예이지요."

그동안 나는 단순히 텔레비전에 나오는 연예인들의 멋진 모습이 카리스
마라고 생각했는데 원래 그 단어에 이런 깊은 의미가 있었는지는 처음 알았
지 뭐야.

"하지만 근대에 이르러서는, 카리스마란 타고나는 것이 아니라 만들어지
는 것이라는 쪽으로 그 개념이 바뀌어 가고 있지요. 참된 카리스마로 이루
어진 지도자는 자신이 이끌어 가고 있는 사람들과 신뢰와 헌신으로 관계를
맺게 됩니다. 이 관계는 형식적인 법의 절차나 전통적 관습 또는 재정적 뒷
받침에 의지하지 않아요. 오로지 지도자 고유의 카리스마에 대한 내면적인
믿음에만 근거하고 있지요."

"……."

신뢰와 헌신, 그리고 내면적인 믿음……. 선생님께서는 과연 우리가 그러한 조건을 바탕으로 반장을 뽑았는지 묻고 계신 듯했어. 우리는 아무도 할 말이 없었지.

"그렇다면 그러한 내면적 믿음을 주기 위해서 지도자는 어떠한 것을 갖추어야 할까요? 우리가 흔히 리더십을 지녔다고 말하는 것은 어떤 걸 의미하는 걸까요? 카리스마를 지닌 리더는 먼저 명확한 미래의 꿈을 갖고 있어야 해요. 우리 반 친구들에게 학용품 걱정이 없게 해 주겠다는, 유혹적인 꿈 말고 정말 우리 반의 발전을 바라는 마음으로 그려 낸 꿈 말이에요."

– 《막스 베버가 들려주는 카리스마 이야기》 중에서

생각 쓰기

case 3 다음에 제시된 두 개의 글을 읽고, 새롬이가 반장이 될 수 있는 카리스마는 어디에서 나온 것이며, 이러한 카리스마가 훌륭한 지도자의 조건이 될 수 없는 이유를 설명하시오.

"여러분, 먼저 개표 결과를 정리해 보겠어요. 민수 3표, 수경이 2표, 진철이 0표, 영호 1표, 그리고 새롬이 29표."

뒤를 돌아보니 새롬이는 당연하다는 표정으로 개표 결과를 듣고 있었어.

"그런데 선생님은 조금 궁금한 마음이 드네요. 우리 반에는 이렇게 새롬이 말고는 반장이 될 자격이 있는 학생이 전혀 없는 건가요? 심지어 0표를 받은 학생이 있다는 건 자기 자신도 자신의 이름을 적지 않았다는 것인데…… 참 희한한 일이네요. 새롬이가 아무리 훌륭한 반장감이라고 해도 선생님은 이런 투표 결과를 본 적이 없어서……."

"새롬이가 반장이 되면……."

이떤 아이가 입을 열있어. 그 아이는 며칠 전 새롬이네 집에서 곰 인형을 두 개 얻고 매우 좋아하던 아이였어.

"새롬이가 반장이 되면 우리 반은 한 학기 동안 학용품 걱정을 안 해도 되거든요. 히히!"

그 아이는 뭐가 그렇게 좋은지 하얀 치아를 내보인 채 웃으며 말했어.

"그게 무슨 소리니?"

"선생님 모르세요? 쟤네 집이 엄청난 부자라고요! 지난번에 놀러 갔을 때 받아 온 장난감이랑 학용품만 해도…… 어휴, 아무튼 우리 반 반장으로는 새롬이가 딱이에요. 히히!"

그 아이는 또 그 곰 인형이 생각났는지 매우 기뻐하며 말했어. 그렇지만 선생님의 표정은 어두워졌어.

"여러분, 저 친구 말고 지난 열흘간 새롬이네 집에 놀러 간 친구가 있었나요?"

선생님은 빨개진 얼굴로 조용히 물으셨어.

"저요!"

"저요!"

아이들은 새롬이네 집에 놀러 갔던 것이 자랑이라도 되는 양 너도나도 손을 번쩍 들었지. 나와 민수도 조용히 손을 들었어.

"그럼 장난감과 학용품은 무슨 소리지요?"

"쟤네 집에는 그런 게 막 쌓여 있어요!"

장난감 로봇을 받았던 친구가 말했고, 선생님은 무엇인가 알겠다는 표정을 지으셨지.

"그럼 새롬이네 집에 가서 또 선물을 받은 학생이 있나요?"

선생님이 자꾸 물으시자 아이들도 기분이 이상했는지 이번에는 눈치를 보며 조용히 손을 들었어. 우리 반의 거의 대부분의 아이들이 말이야.

"거의 모두가 새롬이네 집을 다녀왔었군요. 음……."

선생님은 한참을 고민하시다가 말씀하셨어.

"새롬이는 잠깐 선생님을 따라오도록 하고, 여러분은 조용히 자습을 하고 있도록 하세요."

그리고는 새롬이를 데리고 교실 밖으로 나가셨지. 반 아이들은 모두 웅성거리기 시작했어.

"새롬이가 반장이 된 거지?"

"그렇지. 아까 개표 결과 봤잖아."

"근데 담임선생님 표정이 조금 안 좋으신 것 같지 않냐?"

"응? 난 잘 모르겠던데. 히히!"

"왜 새롬이만 데리고 나가신 거지?"

"벌써 임명장이라도 주시려나 보지. 킥킥!"

"근데 너 저번에 새롬이네 갔을 때 어떤 장난감 받았냐?"

"나는 삼단 변신 로봇! 짱 멋있어!"

반 아이들은 저마다 새롬이네 집에 놀러 가서 보았던 장난감 이야기를 하며 깔깔거리고 있었어.

도대체 무슨 일일까…….

– 《막스 베버가 들려주는 카리스마 이야기》 중에서

"네가 말한 그 새롬이라는 아이가 정말 반장이 될지 안 될지는 아빠도 모르겠다만 한 반을 이끌어 가는 지도자라고 할 수 있는 반장이라는 자리는 그렇게 똑똑하고 집이 부자라는, 네가 말한 그런 것들로 지켜 낼 수 있는 자리가 아니란다."

"그럼요? 또 어떤 것들이 필요한데요?"

"음, 지도자가 될 사람에게는 카리스마가 필요해. 카리스마 알지?"

"그럼요! 알죠. 텔레비전에서 많이 들었어요. 관중을 압도하는 카리스마…… 히히!"

"하하, 그래. 카리스마는 특별한 능력 또는 권위를 뜻하는 말이야. 네가 텔레비전에서 들은 것처럼 어떠한 연예인에게 특별한 능력이 있거나 권위가 있다면 그 사람도 카리스마를 지닌 인물이라고 할 수 있겠지. 또 우리는 특별한 능력을 지녔거나 권위를 지닌 사람이 지도자가 되면 그를 카리스마적 지도자라고 부르지. 하지만 진정한 카리스마란 네가 말한 지식이나 물질적 부유함에서 나오는 것이 아니란다."

"아니에요, 아빠! 새롬이는 장난감이랑 학용품으로 반 아이들을 휘어잡았는걸요?"

"그렇다면 만약 그 친구에게 장난감이 없었더라도 반 아이들 모두 지금처럼 그 친구를 따랐을까? 동현아, 진정한 카리스마란 그 사람 내면에 있는 도덕성이랄지 상대에게 믿음을 주는 신뢰성 또는 팀을 하나로 똘똘 뭉치게 하는 능력에서 나오는 것이란다."

"하지만 새롬이에게는 이미 장난감 회사 사장님을 아빠로 두었다는 카리스마가 있잖아요."

"물론 카리스마에는 여러 종류가 있단다. 네가 말한 것처럼 새롬이네 집이 부자라는 것도 카리스마에 속한다고 본다면 그건 아마도 누군가로부터 물려받은 것이기 때문에 세습 카리스마라고 할 수 있겠지. 하지만 카리스마란 꼭 그렇게 누군가에게 물려받는 것만 말하는 것이 아니란다. 얼마든지 계발하고 만들어 나갈 수 있다는 것이지."

– 《막스 베버가 들려주는 카리스마 이야기》 중에서

생각 쓰기

03강 관료와 정치가의 올바른 모습

case 1 다음 글을 읽고, 올바른 지도자가 가진 권위의 특징을 설명하시오.

권위는 무력과는 근본적으로 다르다. 권위는 여러 가지 맥락에서 쓰일 수 있으나 다음과 같은 공통적인 특징이 있다.

권위는 그 권위를 가지고 있는 사람 혹은 집단에 대한 자발적인 복종과 신뢰를 끌어내는 힘이라고 할 수 있다. 예를 들어, 아인슈타인이 물리학을 강의할 때 우리는 그가 권위 있다고 말하며 그가 하는 물리학 강의를 신뢰한다. 우리는 또한 의사의 진단을 신뢰하고 그의 처방을 수용한다. 말하자면 아인슈타인과 의사는 각각 물리학도들과 환자들에게 권위를 갖고 있다고 할 수 있다.

마찬가지로 정치권력 역시 국민들로부터 강제에 의하지 않은 자발적인 복종과 지지를 확보할 수 있다면 권위가 있다고 할 수 있다. 말하자면 권위는 국민들의 자발적인 복종을 끌어낼 수 있는 도덕적인 힘이라고 할 수 있다. 따라서 권위는 무력과는 근본적으로 다른 것이며, 권위주의와도 분명히 구분된다. 권위주의는 진정한 의미의 권위를 결여하고 있기 때문에 국민들의 복종을 끌어내기 위해 군대와 경찰 같은 강제 기구에 호소할 수밖에 없다. 이로부터 우리는 권위가 국민들로부터의 자발적인 지지를 받고 있는 정당한 정치권력만이 누릴 수 있는 특권임을 알 수 있다.

– 《함께하는 시민 행동 21》, 〈권위와 권위주의의 차이〉 참고

생각 쓰기

진정한 관료는 그 본래의 직분으로 볼 때 '정치'를 해야 하는 것이 아니라 '행정'을 '비당파적'으로 해야 한다. 관료인 이상 분노도 편견도 없이 직무를 집행해야 하는 것이다. '투쟁'은 지도자든 그 부하든 정치가라면 누구나 부단히 해야 하며 필연적으로 행하지 않을 수 없다. 그러나 관료는 여기에 휘말려서는 안 된다. 당파성, 투쟁, 격정 등의 분노와 편견 등은 정치가 특히 정치 지도자가 갖고 있는 요소이기 때문이다. '정치 지도자'의 행위는 관료와는 전혀 별개인 정반대의 '책임' 원칙이 지배한다.

정치가에게는 정열, 책임감, 판단력, 이 세 가지 자질이 특히 중요하다고 말할 수 있다. 정신을 집중하여 냉정함을 잃지 않고 현실을 있는 그대로 받아들이는 능력, 요컨대 사물과 인간에 대하여 '거리를 두고 관찰하는 것'이 필요하다. '거리를 상실해 버리는 것'은 어떠한 정치가일지라도 그것만으로도 큰 죄의 하나인 것이다.

정치라는 것은 정열과 판단력 두 가지를 구사하면서, 단단한 판자에 힘을 모아 서서히 구멍을 뚫어 가는 작업이다.

만일 이 세상에서 불가능한 일을 목표로 하여 끈질기게 도전하지 않는다면 가능한 일을 달성하는 것조차도 불안해진다. 이 말은 전적으로 타당하며 모든 역사의 경험이 이를 증명하고 있다. 그러나 이것을 할 수 있는 사람은 지도자여야만 한다.

생각 쓰기

당파적 · 비당파적

    당파는 주장이나 이해(利害)를 같이하는 사람들이 뭉쳐 이룬 단체나 모임을 말한다. 당파적이라는 의미는 하나가 되지 못하고 여러 파로 갈라지는 것을 말하며 또한 자신이 속한 편을 무조건 편들려고 하는 태도를 말하기도 한다. 반대로 비당파적이라는 것은 자신의 당에 대해 혹은 뜻을 같이하는 단체에 대해 어느 편에도 치우치지 않고 공정한 자세를 취하는 것을 뜻한다.

아비투어
철학 논술

예시 답안

① 막스 베버는 1864년 4월 21일 독일 튀링겐의 에르푸르트에서 태어났다.

② 베버는 하이델베르크대학, 베를린대학 등 독일 각지의 네 개 대학에서 철학, 역사학, 경제학을 공부하였다.

③ 아버지나 어머니와의 성격 차이로 인해 갈등을 겪었던 베버는 편집증적 성격을 갖게 되었다.

④ 베버는 사회학자는 개인의 감정과 사상에 관심을 갖고 연구해야 한다고 말했다.

⑤ 베버가 말한 카리스마란 보통의 인간과는 다른 초자연적 · 초인간적 재능이나 힘을 말한다.

⑥ 베버의 대표적인 저서로는 《청교도 윤리와 자본주의 정신》(1905), 《직업으로서의 학문》(1919), 《종교사회학 논집》(1920)이 있다.

주 제 탐 구   **01강**   지배가 가능한 이유는 무엇인가?

case 1   막스 베버는 사람이 다른 사람을 지배하고 다른 사람으로부터 지배를 받는 관계가 가능하려면 권위가 있어야 한다고 생각했다. 권위란 다른 사람들에게 무엇인가를 하거나 또는 하지 못하도록 복종시키는 힘이다. 이와 같이 누군가의 행동이나 생각을 지배하는 우월한 힘은, 다른 사람들로부터의 신뢰와 우월성을 인정받는 데에서 나타난다.

case 1 막스 베버에 의하면 타인의 의사 결정이나 행동하는 것을 지배하는 힘, 즉 권위는 전통적 권위, 카리스마적 권위, 법적 권위라는 세 가지 형태로 나타 난다. 그리고 이들 세 가지 형태의 권위로부터 지배의 3형태가 이루어진다.

먼저 전통적 지배는 가부장제에서 나타나는데, 그 보수적 성격으로 인해 발전을 방 해하기도 한다.

두 번째로, 지도자가 누군가에 관계없이 법에 따른 지배, 즉 합법적 지배는 비교적 안정적인 체제이다. 그러나 그 안정성 때문에 변화 추구가 힘들다.

세 번째로, 카리스마적 지도는 특출한 능력을 가진 지도자가 행하는 지배 형태로 쉽게 변화를 할 수 있다는 장점이 있으나 지도자 개인의 성향에 따라 독재와 강압 체 계 우려가 있다.

case 2 '신이 주신 재능' 이라는 단어에서 유래된 카리스마는 특별한 매력과 재능 을 지닌 지도자들에게 나타난다. 근대에 와서 이러한 카리스마는 선천적으 로 타고나는 것이 아니라, 후천적으로 만들어 가는 것이라고 생각하게 되었다.

올바른 카리스마는 자신이 지도하는 사람들의 헌신과 신뢰를 얻기 위해 미래에 대 한 명확한 꿈을 제시해 줌으로써 얻어지는 것이다.

case 3　새롬이가 반장이 될 수 있었던 것은 학급 친구들이 새롬이가 부자이기 때문에 자신들에게 혜택을 줄 수 있다고 기대했기 때문이다. 즉, 학급 친구들은 새롬이가 반장이 되면 학용품이나 장난감을 얻을 수 있다고 생각해서 지도자로 뽑은 것이다. 이것은 부자인 새롬이의 아버지로부터 물려받은 세습 카리스마라고 할 수 있다. 그런데 이것은 진정한 카리스마라고는 할 수 없다. 진정한 카리스마는 믿음과 통합력에서 나오는 것이며, 이것은 누군가에 의해 주어지는 것이 아니라 스스로 노력하고 계발하면서 만들 수 있는 것이다.

주 제 탐 구 **03**강 관료와 정치가의 올바른 모습

---

case 1　올바른 지도자는 무력과 같은 것에서 권위를 얻는 것이 아니라 국민들의 자발적인 복종과 지지를 통해 권위를 획득한다. 이러한 권위는 그 지도자가 도덕적인 힘을 가질 때 나타난다. 만약 무력과 같은 강제를 통해 국민을 지배하려고 한다면 지금 당장은 국민들이 복종하는 모습을 보이겠지만, 그것은 자발적 복종이 아니라 그저 폭력 앞에 머리를 숙이는 것일 뿐이다. 따라서 올바른 지도자는 그를 지도자로 받드는 사람들의 자발적인 지지로부터 권위를 만들어 낸다.

case 2　관료는 행정을 하는 사람으로 분노도 편견도 없이 자신의 일을 수행해야만 한다. 만약 그들이 투쟁하거나 격정에 싸이면 자신의 본분을 제대로 수행

할 수 없기 때문이다. 이에 반하여 정치가는 투쟁하는 사람으로서 정열, 책임감, 판단력을 갖추어야만 한다. 정치가는 자신이 가진 정열과 판단력을 조화시키면서, 불가능한 일을 추진하려는 강력한 의지를 지니고 있어야 한다.

철학자가 들려주는 철학이야기 036

키르케고르가 들려주는 죽음에 이르는 병 이야기

저자_소병일

고려대학교 철학과 대학원 박사 과정을 수료했으며, 중앙유웨이 논ㆍ구술 특강 논술 전문위원으로, 현 동덕여대 '발표와 토론' 강사로 재직 중이다.

키르케고르

Søren Aabye Kierkegaard

키르케고르는 누구일까?
다음의 글을 읽고 키르케고르는 어떤 사람이었는지 요약하시오.

키르케고르(1813~1855)는 덴마크의 수도 코펜하겐에서 모직 상인의 7남매 중 막내로 태어났다.

그는 자신의 아버지가 과거에 저지른 죄를 통해, 자신의 삶에서 큰 지진을 체험했다고 고백한다. 그가 겪은 지진 중에는 아름다운 소녀 레기네 올센과의 만남과 사랑도 포함되어 있다. 그는 그녀를 너무나 사랑하기 때문에 약혼을 파기하는 결단을 내린다. 이러한 과정을 통해 그는 깊은 절망을 느끼지만, 삶을 포기하지 않고 오히려 신 앞에서 자기 자신을 반성하였다. 그리고 이러한 고뇌를 바탕으로 많은 철학적 저작들을 발표했다.

주요 저작으로 《죽음에 이르는 병》, 《이것이냐 저것이냐》 등을 꼽을 수 있다. 이 저서들에서 그는 비판적 의식 없는 일상적인 삶을 비판한다. 그리고 풍요로워 보이고 편리해 보이는 삶 속에서 우리가 놓치고 있는 것은 무엇인지, 우리가 가져야 할 태도가 무엇인지 설명하고 있다. 그가 지적한 문제점들 중 가장 중요한 것은 바로 자기 자신에 대한 반성이다. 나아가 형식에만 치우친 신앙생활에 대해서도 비판하며, 진정한 기독교적 삶이란 어떤 것인지 보여 주고자 했다.

그는 1855년, 42세라는 한창의 나이에 일생을 마감했다.

1 미가엘

키르케고르의 아버지 미가엘은 매우 엄격하고 독실한 기독교 신자였다. 하지만 소년 시절 양치기를 할 때, 추위와 배고픔에 못 이겨 하늘에 대고 신을 저주했다. 그리고 그는 결혼 전에 성 관계를 가져 결혼 두 달 만에 자식을 낳았다. 결국 그는 신앙인으로서 과거에 저지른 이러한 죄에 대해 매우 고통스러워했는데, 아버지의 이러한 모습이 키르케고르의 삶에 많은 영향을 끼쳤다고 한다.

2 레기네 올센

키르케고르가 사랑하여 약혼한 아름다운 소녀이다. 키르케고르는 한때 아버지의 죄에 대해 고민하면서 방탕한 생활을 하다가, 레기네 올센을 만나고 다시 건전한 생활을 하게 되었다. 그러나 그는 부족한 자신이 순결한 레기네 올센과 결혼할 수는 없다고 판단하여 결국 1년 만에 약혼을 취소하였다. 그는 레기네 올센을 사랑하지 않아서가 아니라 너무나 사랑했기 때문에 파혼한 것이다.

1강 순간적인 즐거움을 넘어서
2강 절망으로부터 도망가는 자와 절망을 통해 참된 자기를 찾는 자
3강 신 앞에 홀로 선 인간

01강 순간적인 즐거움을 넘어서

case 1 키르케고르에 의하면, 인간은 순간적인 즐거움의 한계를 깨닫고 윤리적인 삶을 살고자 한다. 다음의 글에 나타난 '쾌락의 패러독스'는 키르케고르가 비판한 일시적 쾌락 추구의 한계를 잘 보여 준다. 여기서 '쾌락의 패러독스'가 무엇을 의미하는지, 자신의 경험을 하나의 사례로 들면서 설명해 보시오.

"키르케고르는 세 가지 삶의 단계에 대해 말했단다. 먼저 육체적 쾌락을 즐기는 미적 단계에는 '쾌락의 패러독스'라는 것이 있는데, 패러독스라는 건 '역설'이라는 뜻이야. 자기가 원하는 쾌락으로 만족을 이루는 바로 그 순간에 사람들은 불만족을 느끼게 된다는 그런 뜻이란다. 그러니까 미적 단계는 완전한 쾌락 추구가 되지 못한다는 거지."

"아, 알 것 같아요. 저도 언젠가 게임을 하는데 한 레벨을 다 끝내면 바로 그 다음 레벨로 가고 싶고, 그렇게 자꾸만 하다 보니까 밤이 될 때까지 하게 되었어요. 아무것도 안하고 게임만 몇 시간 하고 나니까 기분이 무척 나빠지더라고요."

슬기의 말을 들으니 나도 같은 경험이 생각났다. 원래 게임이란 게 하면 할수록 더 하고 싶은데, 막상 끝날 때가 되면 이상하게 기분이 상한다. 허무하기도 하고…….

"그래, 너희들의 그런 경험 말고도 어른이 되면 그런 일을 더 많이 겪게 된다. 어떤 사람은 더 높은 권력을 얻으려 하고, 어떤 사람은 더 많은 돈을 벌려고 하지. 그럴수록 사람들은 쾌락의 역설, 즉 불만족을 얻게 될 수밖에 없다. 욕심은 끝이 없는 것이니까."

– 《키르케고르가 들려주는 죽음에 이르는 병 이야기》 중에서

생각 쓰기

역설

역설이란 'A가 A이면서 동시에 A가 아니기도 함'을 말한다. 예를 들어, 슬기라는 학생은 사람이든지 사람이 아니든지 둘 중 하나이어야 한다. '슬기는 사람이면서 동시에 사람이 아니다'라고 말할 수는 없다. 슬기가 사람이면서 동시에 곤충일 수는 없는 것이다. 따라서 '슬기는 사람이기도 하고 사람이 아니기도 하다'라고 말하는 것은 역설이다. 마찬가지로 순간적인 즐거움은 즐거움을 낳기도 하지만 고통을 낳기도 한다. 따라서 즐거움은 즐거움이기도 하고 고통이기도 하다는 것은 역설이다.

02강 절망으로부터 도망가는 자와 절망을 통해 참된 자기를 찾는 자

case 1 키르케고르에 의하면, 절망은 고통스러운 것이지만 동시에 '기회'이기도 하다. 다음의 글을 읽고 그가 왜 절망을 '기회'로 보았는지 그 이유를 논술하시오.

"절망이란 나쁜 것이잖아요?"

슬기가 또 나서서 질문한다. 나와 선생님만 말하는 게 참을 수 없나 보다. 하여간 샘은.

"흠…… 절망은 나쁜 것이지만, 완전히 나쁜 것이라고만 말할 수는 없어. 절망은 우리에게 어떤 기회를 주니까 말이다."

"어떤 기회요?"

슬기야말로 기회를 잡았다는 듯이 연달아 질문을 했다. 나를 빼고 단둘이만 말하고 싶은 모양이다.

"진정한 자기가 될 수 있는 기회를 주지."

(……)

"절망은 사람들에게 자기 자신을 돌아보고, 과연 내가 누구인가, 내가 어떻게 살아야 하는가를 생각하게 만든다. 이런 기회를 주기 때문에 절망은 좋은 것이라고 할 수도 있어. 하지만 절망 자체는 괴롭고 힘든 것이지. 당한 사람에게는 말야."

– 《키르케고르가 들려주는 죽음에 이르는 병 이야기》 중에서

생각 쓰기

03강 신 앞에 홀로 선 인간

case 1 키르케고르는 순간적인 쾌락만을 추구하는 태도에서 윤리적으로 살고자 하는 태도로 넘어서는 인간의 모습을 보여 주었다. 그런데 키르케고르는 윤리적인 삶의 한계까지도 지적했다. 그는 윤리적 삶에서 한계를 깨달은 자는 종교의 단계로 넘어선다고 보았다. 종교를 통해 비로소 참된 자신의 모습을 찾고 올바른 선택을 할 수 있게 된다는 것이다. 키르케고르가 지적한 윤리적 삶의 한계 중 하나가 다음의 대화에 나타나 있다. 다음의 대화를 바탕으로 윤리적 태도의 한계를 설명하시오.

슬기: 괴한에게 쫓기던 어떤 사람을 숨겨 주었다고 해 보자. 그런데 그를 쫓던 괴한이 들어와서 그가 어디에 있냐고 물으면, 너희들은 뭐라고 대답하겠니?

나영: 나는 그가 우리 집에 숨어 있다고 사실대로 말할 거야. 거짓말은 나쁜 거잖아. 쫓기던 사람이 아무리 가엾고 불쌍하다고 해도, 거짓말을 하지 말아야 한다는 원칙은 지켜져야 해.

종호: 나는 거짓말을 해서라도 그를 구해 줄 거야. 만일 우리 집에 숨어 있다고 사실대로 말한다면 그는 괴한에게 살해당하지 않겠니? 사람의

목숨은 소중해. 사람의 목숨이 소중하다는 것도 원칙이라고.

슬기: 너희들이 말한 두 원칙 모두 완전히 틀린 것 같지는 않구나. 그런데 그 원칙들이 충돌하고 있으니, 이것 참 어려운 문제인걸. 윤리적 원칙만으로 해결되지 않는 부분이 있는 것 같아.

"슬기의 욕심도 끝이 없구나. 하하. 그래, 그렇지만 공부 욕심은 좋은 거니까. 다음은 윤리적 원칙에 따라서만 인생을 살아가려고 하는 단계란다. 윤리적으로 살면 우리의 마음이 편안해지고 참된 기쁨과 마음의 안심을 얻을 수 있을 것이라고 믿고 열심히 윤리적으로 살아가려고 하는 것이지. 이 단계의 사람들은 철저하게 윤리와 도덕을 지키고 또 남에게도 그러한 삶을 살도록 요구한단다. 하지만 여기에도 문제는 있어. 윤리적으로 살아가려면 윤리적 감수성이 뛰어나야 하지 않겠니?"

"윤리적 감수성이란 게 뭐죠?"

슬기가 물었다.

"윤리적 감수성이란 자신의 살아가는 모습이 윤리적으로 문제가 없는지 민감하게 생각하는 태도이지. 교통신호를 잘 지키지 않거나 또는 거짓말을 하고도 가책을 받지 않는다면 그런 사람이 윤리적이기를 기대할 수는 없지 않겠니? 그러니까 윤리적으로 살려면 먼저 윤리적 감수성이 뛰어나야만 한다는 것이지. 그런데 문제는 바로 여기에 있어."

"여기에 무슨 문제가 있나요? 윤리적으로 민감하다는 게요?"

나는 점점 궁금해지면서 머리가 복잡해졌다.

"사람들이 과연 어느 정도로 윤리적일 수 있을까? 인간이 하나님이 아닌 다음에야 실수도 많이 하질 않겠니? 어떤 경우에는 자기가 윤리적인 잘못을 범하고 있다는 것을 알 수도 있겠지만, 또 어떤 경우에는 자기도 모르는 사이에 많은 윤리적인 잘못을 범하기도 하잖아. 그렇지 않니? 그러니까 윤리적 감수성이 민감하면 할수록 인간은 자기 자신이 진정으로 윤리적으로 살지 못한다는 것을 더 잘 알게 된다는 거야. 그러니 윤리적으로 충실하려고 노력을 하면 할수록 만족을 얻기는커녕 더욱 괴로워지게 된다는 거지."

– 《키르케고르가 들려주는 죽음에 이르는 병 이야기》 중에서

생각 쓰기

키르케고르의 '윤리적 단계'

키르케고르는 삶을 세 가지 단계로 나눈다. 사람들은 처음에 미적 단계를 거치게 된다. 여기에서는 육체적 쾌락만을 추구한다. 이 단계에서는 옳고 그름이라든지 참과 거짓을 제대로 분간하지 못한다. 그리고 쾌락을 추구하긴 하지만 현실이 우리의 욕구를 따라 주지 않기 때문에 쾌락도 온전히 얻을 수 없다. 그 다음이 윤리적 단계이다. 사람으로서 지켜야 할 도덕을 의식하며 다른 사람들과 더불어 살아가는 지혜를 배우게 된다. 하지만 사회생활을 하는 가운데에는 어느 하나만을 선택할 수 없는 상황에 놓일 수 있다. 예를 들면 친한 친구가 비밀을 지켜 달라고 하면서 또다른 친구의 물건을 훔쳤다고 고백했을 때 도둑질한 친구의 비밀을 지켜야 하느냐? 피해를 입은 친구에게 이 사실을 알려 줘야 하느냐에 대해서 고민을 하게 된다. 이럴 때 어느 쪽을 선택해야 정말 옳은 것인지 판단하기는 쉽지 않다. 이처럼 윤리적으로 판단하기 힘든 상황을 윤리적 한계라고 한다. 키에르케고르는 이러한 한계를 극복하기 위해 신앞에 솔직하게 자신을 돌아보는 종교적 단계가 필요하다고 하였다.

"너희들 혹시 친구들에 휩쓸려 자기가 진정으로 원하지 않는 일을 해 본
적은 없니?"

선생님의 말을 듣는 순간 가슴이 뜨끔해졌다. 우리 반에 따돌림을 당하는
남자 애가 있는데 다른 친구들이 그 애를 놀릴 때 나도 따라한 적이 있었던
것이다.

말을 좀 더듬는 그 애는 사실 다른 것은 다 괜찮은데 말을 더듬는 것 때문
에 놀림을 당하는 아이였다. 이름이 희범이인 그 아이를 놀리느라 애들은
'히히히범'이라고 불렀다. 희범이가 모자란 아이도 아니고 태도가 이상한
것도 아닌데 친구들이 따돌리는 게 나쁘다는 생각은 했다. 그렇지만 다른
아이들도 다 희범이를 놀리는데 나만 그 애를 두둔할 수는 없었다. 그러다
가는 나까지 희범이와 덩달아 따돌림을 당할 게 분명했기 때문이다.

"전에요, 식탁에 있던 돈을 허락 없이 가지고 나와서 뭘 사 먹은 적이 있
었거든요. 집에 돌아왔는데 엄마가 그냥 절 부르는 소리에 깜짝 놀라서 기
절할 뻔 했어요. 제가 돈 가지고 나간 걸 모르는 엄마는 아무 말도 하지 않
고 그냥 딴 이유로 절 부른 건데, 저는 엄마 눈을 제대로 쳐다보지도 못했

어요."

(......)

"우리가 영원한 존재인 하나님 앞에 홀로 서 있다고 생각해 보자. 만일 인간이 어떤 잘못을 범하거나, 또는 진정한 자신의 모습이 아닌 다른 모습으로 가장을 하고 하나님 앞에 선다면 몹시 떨리지 않겠니?"

"하나님 앞에 설 때 사람은 진정한 자기가 되지 못하면 견디기가 어렵게 되지. 그러므로 인간이 진정으로 자기 자신이 되었는지는 하나님 앞에 외톨이로 서 있을 때에만 알 수 있게 되는 거란다."

– 《키르케고르가 들려주는 죽음에 이르는 병 이야기》 중에서

생각 쓰기

양심

양심이란 자기 자신의 행위의 옳고 그름에 대하여 스스로에게 솔직해지는 것을 말한다. 그런데 키르케고르는 우리가 때때로 양심을 잃기 때문에 끊임없이 양심을 가지려고 노력해야 한다고 말했다. 사실 양심에 따라 행동하는 것은 때로는 불편하고 귀찮은 일이다. 그래서 우리는 자주 양심을 버리고 편한 대로 생활하려고 한다. 양심에 따르는 행동은 누구나 할 수 있는 일이라고 쉽게 말할 수 있지만, 실제로 그렇게 실천하는 것은 쉬운 일이 아니다. 그래서 우리는 자신의 마음을 스스로 다스림으로써 양심을 잃지 않기 위해 노력해야 하는 것이다.

"그래. 우리들이 이처럼 남의 말이나 분위기에 휩쓸리지 않고 자신의 주관대로 행동하려면 어떻게 해야 할지 생각해 보자. 그러려면 먼저 진정한 자기를 발견해야 해. 키르케고르는 이렇게 말하고 있단다. 자기를 찾아라. 그리고 홀로 자신의 뜻을 지켜라."

(······)

"홀로 외톨이로 있을 때 우리는 조용히 자신의 참된 모습을 반성하게 되고, 거기서 진정한 자아를 찾을 수 있게 되는 거지. 친구들끼리 함께 휩쓸려만 다니고, 외톨이가 되지 않으려고 친구들이 하는 대로 따라하거나 시키는 대로만 한다면 참된 자신을 발견하기 어렵지 않을까?"

(······)

"이 단계에서 우리는 하나님 앞에서 외톨이로 서서 결단을 하게 된단다. 우리가 윤리적인 판단을 내리는 데 있어서 한계에 도달했을 때 가장 중요한 것은 하나님 앞에서 결단을 내려야 한다는 것이지."

— 《키르케고르가 들려주는 죽음에 이르는 병 이야기》 중에서

생각 쓰기

아비투어
철학 논술

예시 답안

① 키르케고르는 1813년 덴마크의 수도 코펜하겐에서 태어났다.

② 키르케고르는 아버지가 저지른 죄와 레기네 올센이라는 소녀와의 사랑 등을 통해 많은 고통을 느끼고, 이를 큰 지진이라고 표현했다.

③ 키르케고르는 자신의 체험을 바탕으로 《죽음에 이르는 병》을 비롯한 많은 저서들을 내놓았다.

④ 키르케고르는 우리에게 자기 자신에 대한 반성의 중요성을 일깨워 주려고 했다.

⑤ 키르케고르는 그릇된 신앙생활을 비판하고, 기독교 문화를 바로 세우고자 했다.

주 제 탐 구   **01**강   순간적인 즐거움을 넘어서

case 1

우리는 끊임없이 더 많은 즐거움을 찾고자 한다. 그러나 즐거움이 충족될수록 불쾌감이 느껴진다. 마치 음식의 맛이 주는 즐거움을 최대한 느끼기 위해 계속해서 먹다 보면, 어느 순간 지나치게 배가 불러 고통스러워지는 것처럼 말이다. 또한 순간적인 즐거움을 찾아 오랜 시간과 노력을 투자하다 보면, 끝내 허무함이 밀려오게 마련이다. 즐거움이 고통과 허무감을 낳고, 만족이 불만족을 낳는다. 어떤 것이 자신과 반대되는 결과를 낳는 것, 이것이 바로 역설이다. 결론적으로 쾌락의 패러독스란, 끊임없는 쾌락의 추구가 오히려 불쾌함을 일으키는 현상을 말한다.

case 1 고통스러운 상황을 피하기 위해 게임과 같은 놀이거리를 찾는 사람은 절망으로부터 도망가고자 하는 사람이다. 일시적 쾌락을 통해 고통을 잊고자 하는 것이다. 그러나 그는 다시금 허무함을 느낄 수밖에 없다. 쾌락의 추구는 끊임없는 불만족을 일으킬 뿐 아니라, 자신의 문제를 근본적으로 해결해 주지 않기 때문이다. 반면 절망에 빠졌을 때 자신의 문제가 무엇인지 똑바로 보려고 노력하는 사람도 있다. 자신의 문제를 확인하고 인정하는 일 역시 고통스러운 일이지만, 그는 용감하게 절망에 대면한다. 즉, 그는 고통스러운 상황을 발판 삼아 자신의 문제가 무엇인지 반성한다. 우리에게 이러한 반성의 시간을 주기 때문에 절망은 고통이자 '기회'이기도 하다.

주 제 탐 구 **03**강 신 앞에 홀로 선 인간

case 1 사회에는 각기 다른 특성을 가진 수많은 구성원들이 있다. 이러한 상태에서 개개인의 바람과 이익이 충돌할 수 있는 것은 너무나 당연한 일이다. 우리는 가정에서나 학교에서나 거짓말은 좋지 못한 것이라고 배운다. 하지만 때로는 거짓말을 해야만 어떠한 윤리적인 행위를 달성할 수 있는 경우도 있다. 제시문의 상황처럼 거짓말을 하지 말아야 한다는 최소한의 윤리와 생명의 존엄성이라는 또 다른 윤리적인 잣대 사이에서 갈등하는 경우를 그 예로 들 수 있다. 두 가지의 다른 윤리적인 원칙들이 충돌하게 되는 것이다.

이러한 윤리적 원칙들이 충돌을 겪으면서도 인간이 계속 고민하고 있는 이유는 윤리적 감수성 때문이다. 윤리적 감수성이란, 비윤리적인 결정을 하게 되면 죄책감을 느끼고 윤리적인 결정을 할 때에 비로소 만족감을 느끼는 것이다. 하지만 인간은 모든 일에 윤리적인 행동을 할 수는 없다. 그것은 개인의 판단에 의한 자신의 의지일 수도 있고 타의일 수도 있다. 그러한 한계 때문에 윤리적 감수성이 예민하면 할수록 만족하기보다는 괴로워하게 되는 것이다.

case 2 다른 사람들의 시선을 의식하여 내키지 않는 행동을 했을 때, 우리의 마음 한편은 여전히 무겁다. 또는 무언가를 훔쳤을 때 아무도 나의 그런 모습을 보지 않았다고 해도, 무엇에 쫓기는 듯한 느낌을 떨쳐 버릴 수 없다. 숨기고 싶은 이러한 비밀은 결국 우리의 마음을 불안하게 만든다. 이 불안감의 원인이 바로 양심이다. 하나님 앞에서만은 자신의 그릇된 언행을 결코 숨길 수 없기 때문에 우리는 양심의 가책을 느끼는 것이다. 하나님 앞에 홀로 섰을 때, 다른 사람들의 시선을 의식하지 않은 채 자기 자신에 대해 가장 솔직해질 수 있다. 따라서 하나님 앞에 홀로 선다고 하는 것은 양심을 되찾아 자기 자신에 대해 반성해 본다는 의미이다.

case 3 키르케고르에 따르면, 하나님 앞에서 내린 결단이 올바른 결정이다. 이것은 하나님이 시키는 대로 하겠다는 의미가 아니다. 하나님은 우리가 순수한 우리 자신으로 돌아가 결정하는 모습을 말없이 지켜볼 뿐이다. 하나님 앞에서의 결단이란, 어느 하나의 윤리적 원칙을 택하여 무조건 따르기보다, 정말로 올바른 선택이 무엇인지 스스로 진지하게 반성해 본 뒤 결정한다는 의미이다. 나아가 그 결정을 다른 사람들의 의견에 휩쓸리지 않은 채 행동으로 실현시킬 수 있게 되는 것이 바로 양심의 가책을 느끼지 않을 수 있는 올바른 선택이다. 결국 키르케고르가 말한 종교적 단계의 삶은 자기 자신에게 더욱 엄격할 것과 더욱 신중하게 행동할 것을 요구한다.

Abitur

철학자가 들려주는 철학이야기 037

노자가 들려주는 도 이야기

저자_**유성선**
현재 강원대학교 철학과 교수로 재직 중이다.

노자

老子

> 노자는 어떤 사람이었을까? 아래 글을 읽고 노자는 어떤 사람이
> 며, 무엇을 주장했는지 요약하시오.

노자는 《노자》, 혹은 《도덕경》이라 불리는 저서를 남긴 중국의 사상가이
다. 중국 역사가 사마천에 의하면 노자는 초나라 사람으로, 성은 이씨였고
이름은 이(耳)였으며, 자는 담이라고 한다. 노자는 주나라에서 도서를 관장
하는 직책을 갖고 있었는데, 공자가 그에게 예에 관해 물었다는 기록이 있
는 것으로 보아, 공자보다 나이가 많았던 사람으로 추측된다.

노자는 명예에 관심이 없는 사람이었다. 그런 이유 때문인지 노자의 생애
나 그의 책에 관해서는 알려진 것이 별로 없다. 사실 《노자》라는 책도 노자
가 직접 쓴 것인지, 아니면 제자들이 그의 사상을 모아 엮은 것인지 확실치
않다. 그리고 《노자》를 쓴 시기에 관해서도 학자마다 의견이 분분하다.

노자 사상의 핵심은 '도'와 '무위자연'이다. 노자는 인간이 인위적으로
만든 도덕이나 예는 세상을 더 어지럽게 할 뿐이라고 말했다. 인간의 삶이
란 천지에 스며드는 물처럼 인위적이지 않고 부드럽고 자연스러워야 하며,
그래야 세상이 평화로워진다고 보았다.

결국 노자가 우리에게 가르치고자 하는 것은 겸허하고 욕심 없는 삶이다.

노자는 사람들의 욕심, 특히 권력자와 부자들의 욕심이 세상을 어지럽힌다고 생각했다.

노자는, '도' 란 이 세상천지보다 먼저 존재하는 것이고, 다른 것에서 생겨나는 것이 아니라 스스로 자신을 존재하게 하는 것이라고 했다. 이러한 도는 천지 어디서나 존재하는 궁극적 실재라고 한다.

1 고요한 마음

노자는 겸허한 마음을 지닌 사람을 가리켜 물처럼 고요하다고 했다. 자연에서 물은 위에서 아래로 흐르고 온갖 곳에 조용히 스며든다. 세상을 좋게 바꾸는 것도 물처럼 자연스러워야 바람직하다. 누군가에 의해 억지로 행하는 것은 잘못이다. 따라서 예절 교육을 바르게 해서 세상을 바로잡겠다는 것도 그릇된 것이다. 이런 사람의 마음속에는 겸허함보다는 남을 가르치겠다는 우월함이 자리 잡고 있기 때문이다.

2 도

'도' 란 이 세상보다 앞서서 생겨난 것이라고 한다. 노자는 '도' 에 관해 이렇게 말한다. '홀로 있으면 영원하고 두루 운행하면서도 위태롭지 않으므로 천하의 어미가 될 수 있다. 그 이름을 알지 못하나 억지로 비슷한 뜻을 찾아 군이 이름을 붙여 '도' 라고 말해 본다.' 노자는 우리가 '나'를 비롯한 이 세상이 어디서 생겼을까? 이 모든 것의 근원은 무엇일까? 라는 의문에 매달리다 보면 근원을 찾을 수 있다고 한다. 노자는 이런 근원에 관해 안다고 자만하면 오히려 도에서 멀어진다고 강조한다. 오히려 겸손하게 자신을 낮추고 편견과 오만을 버리면서 공부해야 도에 가까워질 수 있다고 말한다.

3 무위자연

노자는 억지로 하는 일과 꾸며서 하는 일을 '인위'라고 비판하고, 이에 반대되는 '무위'의 사상에 관해 말한다. '무위'란 꾸밈없고 자연스러운 행위를 뜻한다. 하지만 이렇게 정의를 내리는 것 또한 이미 '인위'이다. 그래서 노자는 '무위'에 관해 이렇게 정의하듯 말하는 것을 피했다. 그러면 노자는 어떻게 해야 자연스러운 삶을 살 수 있다고 했을까?

노자는 자연스러움을 회복하는 방법으로 우리 각자가 자신에게서 자연스럽지 못한 것, 불필요하고 가식적인 것을 덜어 내야 한다고 말했다.

1강 물처럼 고요한 마음
2강 무위자연의 이치 – 지나친 간섭은 왜 나쁠까?
3강 자연스러움이란 생색내지 않는 것

01강 물처럼 고요한 마음

㉠ 할아버지의 엄한 꾸짖음에 아저씨는 아무 말도 못했어. 대신 뭔가 깨달은 것이 있는 듯 고개 숙여 절을 하고는 방을 나갔지. 하지만 나는 두 분 사이에 무슨 말이 오갔는지 알지 못했어. 아저씨가 사람들을 잘 이끌 수 있는 방법이 뭐냐고 물었는데, 할아버지는 그저 나무라기만 하며 자신을 낮추라는 말만 했지. 나는 도대체 그 이유를 알 수 없었어.

자기를 낮추는 것이 어떻게 다른 사람을 잘 이끄는 방법이란 말인가? 그리고 또 그런 말을 들은 아저씨는 왜 아무 말 없이 돌아간 것일까? 할아버지는 언성을 높이지 않았지만 왠지 야단을 치는 듯한 말투여서 나까지 덩달아 겁이 났어.

㉡ 스스로 모범적으로 살면서 남을 가르치고 이끌면 된다고 생각하는 사람이 있지. 이러이러한 것은 좋은 것이고, 그 반대는 나쁜 것이라고 가르쳐

주면서 말이야. 흔히 사람들은 좋은 것이 좋은 것이라고 생각하지만, 그렇게 해서 나쁜 게 생겨나는 줄은 몰라.

　"할아버지 얘기를 들으니까 뭔가 좀 알 것 같아요. 저도 집에서 엄마가 자꾸 누나만 칭찬하니까 더 비뚤어진 행동을 하고 싶을 때가 많거든요. 저도 나름대로 잘 하려고 하는데 엄마는 꼭 누나만 잘했다고 하거든요. 그렇게 자꾸 누나랑 비교가 되니까 제가 못났다고 생각하는 게 더 심해지는 것 같고……."

　형진이가 시무룩한 표정으로 말했지.

생각 쓰기

02강 무위자연의 이치
– 지나친 간섭은 왜 나쁠까?

case 1 노자는 세상 만물은 자연의 이치에 따라야 한다고 말했다. 아래의 두 글을 읽고 자연의 이치에 따라 병아리를 기른 사람은 누구인지, 그리고 지나친 간섭이 좋지 않은 이유에 대해서 설명하시오.

㉮ 눈먼 닭이 둥지에서 알을 품고 있는데, 바른편 눈은 완전히 덮였고 왼쪽 눈도 반 이상 실눈이 되어 있었다. 먹이가 그릇에 가득하지 않으면 쪼아 먹지도 못하고 담장에라도 부딪히면 이리저리 비틀거리다 되돌아오곤 하니 모두들 저래 가지고는 새끼를 기를 수 없다고 하였다.

마침내 날짜가 차서 달걀이 병아리가 되어 나오니 빼앗아서 다른 어미에게 주려 하였지만, 한편으론 측은하기도 하여 차마 그렇게 하지는 못하였다. 얼마 후 살펴보니, 별 다른 재수가 있는 것도 아니고, 항상 뜰 수변을 떠나지 않는데 병아리들은 똘똘하게 잘 자라고 있었다.

다른 어미들은 병아리들이 대개 병들고 상처로 죽거나 잃어버리기도 해서 절반도 제대로 못 기르는데, 유독 이 닭만은 모두 온전하게 기르고 있으니 어찌 된 일인가? 자세히 살펴보니 눈먼 닭은 멀리 갈 수 없으므로 사람

가까이에서만 맴돌고, 눈으로 살필 수 없으니 항상 두려운 마음으로 조심조심하며 병아리들을 늘 끌어안고 감싸 주는 것이었다.

그래서 병아리들은 저들이 알아서 먹이를 쪼아 먹고 자라난다. 무릇 병아리 기르는 것은 마치 작은 생선을 삶는 것과 같아서 교란시키는 것은 가장 금기해야 할 일이다. 눈먼 닭이 지혜가 있어 그러한 것은 아니나, 방법이 적중하여 마침내 병아리들을 제대로 키울 수 있게 된 것이다.

— 이색,《닭 이야기》중에서

❹ 초롱이는 학교 앞에서 파는 병아리 두 마리를 샀습니다. 노란 털이 보송보송한 병아리입니다. 하지만 한 마리는 금세 기운을 잃고 죽습니다. 병아리를 품에 안고 온 초롱이에게 엄마가 낮은 목소리로 말씀하셨습니다.

"그 병아리들은 쉽게 죽는단다."

초롱이는 실망스러운 마음이 들었지만 이내 주먹을 불끈 쥐었습니다.

"다른 한 마리는 꼭 멋진 닭으로 키울 테야."

(……)

'친구가 없는 병아리는 혼자 자면 외로울 테니까 내 침대에서 같이 자도록 해야겠다.'

엄마가 아시면 큰일 나겠지만 그건 상관없습니다.

다음 날 아침 초롱이는 깜짝 놀랐습니다. 나머지 병아리 한 마리도 침대에 축 늘어져 있었기 때문입니다. 밤새 뒤척이며 자는 습관이 있는 초롱이가 병아리를 깔고 잔 것입니다.

초롱이는 울며 엄마를 불렀습니다. 엄마가 초롱이의 등을 다독이며 조용히 말씀해 주셨습니다.

"초롱아 어떤 사랑은 독이 된단다."

생각 쓰기

03강 자연스러움이란 생색내지 않는 것

case 1 착한 일을 한 후에 생색을 내는 사람이 있는가 하면, 남이 알아주길 바라지 않는 사람들도 있다. 다음 제시문을 참고하여 이 두 경우 사이에 어떤 차이가 있는지 설명하시오.

㉮ "너 언젠가 청소 시간에 말이야. 당번도 아니면서 왜 남았니?"

"으응 그냥 좋아서."

성연이는 부끄러운 듯 고개를 숙이면서 말했다.

'그냥 좋아서라니? 그럼 나를?'

"그럼 내가 좋아서 일부러 남았다는 거야? 그런 거야?"

"무슨 소리야, 내가 너를 왜? 아니야! 나는 교실을 깨끗하게 청소하는 것이 좋아서 남았다는 거야. 다 함께 생활하는 교실에 먼지가 너무 많으니까 우리가 다 들이마시게 되잖아. 그래서 남은 거야."

성연이가 내 물음에 고개를 들고 정색을 하며 말했다.

'핏, 난 또…… 괜히 놀랐잖아. 아니, 사실은 좀 실망이야…… 나는 은근히 성연이에게 마음이 있었는데. 그나저나 뭐 그렇게까지 정색을 한담. 내

가 어때서!'

(……)

성연이가 빙긋 웃으며 말하는 모습을 보니 그 마음이 참 고와 보였어, 그러고 보니 냇물의 돌을 치우시던 할아버지, 그 할아버지의 모습을 닮은 것도 같은데…….

❹ 막 그럴 즈음, 어저께 소새가 잡아서 온 그런 잉어가 한 놈, 싯누런 몸뚱이를 궁싯거리면서 물 위로 떠올랐다. 왕치는 분연히 울기를 그치고 팔을 부르르 걷었다. 그래 사내대장부가 세상에 나서 온 이래야 옳겠어? 그러면서 단연 그 잉어를 잡을 결심으로 후르륵 날아, 마침 솟구치는 잉어의 콧등에 가 오똑 앉았다.

잉어야, 그러잖아도 속이 출출한 판인데, 이게 웬 떡이냐고 날름 혀로 차서는 씹고 무엇하고 할 것도 없이 그대로 꼴깍 삼켜 버렸다.

(……)

그리하여 마침 수면을 건너는데 잉어가 한 놈 궁싯거리며 물 위로 떠오르는 게 보였다. 주둥이로 잉어의 눈을 꿰어 찼다.

중간쯤 먹었을 때였다.

별안간 후루룩하더니 둘이가 먹고 있는 잉어 배때기 속에서 왕치가 풀쩍 뛰어나오는 것이었다. 아까, 왕치를 산 채로 처먹은 그 잉어를 공교로이 소새가 잡아온 것이었다. 소새와 개미는 반가운 것도 반가운 것이지만 깜짝 놀라 뒤로 나가자빠지는데, 풀쩍 그렇게 잉어 배때기에서 뛰어나오면서 왕치의 하는 거동이 과연 절창이었다.

"휘 더워! 어서들 먹게! 아 이놈의 걸 내가 잡느라고 어떻게 그만 애를 썼던지 에이 덥다! 어서들 먹게!"

이렇게 너스레를 떨면서 땀 밴 이마를 쓱쓱 손바닥으로 씻으면서…….

– 채만식, 〈왕치와 소새와 개미와〉 중에서

생각 쓰기

- -

- -

- -

- -

- -

- -

- -

- -

아비투어
철학 논술

예시 답안

① 노자는 초나라 사람으로 성은 이씨이고 이름은 '이' 며 자는 '담' 이다.

② 주나라에서 도서를 관장하는 일을 했으며, 공자보다 나이가 많았던 사람으로 추정된다.

③ 공자가 '예' 에 대해 물었다는 기록으로 보아, 노자는 학식이 높은 사람이었을 것이다.

④ 노자의 중심 사상은 '도' 와 '무위자연' 이다.

⑤ 노자의 '무위자연' 사상에 따르면, 인위적인 도덕이나 예는 세상을 더 어지럽게 만든다고 하였다. 자연 속의 물처럼 유연하고 자연스러워야 세상이 태평해진다고 보았다.

⑥ 노자는 '도' 란 천지보다 먼저 존재하는 것으로, 천지 어디서나 존재하며 모든 사물이나 사건의 궁극적 원인이 되는 실재라고 했다.

주 제 탐 구　**01**강　물처럼 고요한 마음

case 1　　글 ㉮에서 할아버지는 제자인 아저씨가 예에 바탕을 두고 교육을 하는 것을 못마땅하게 생각한다. 예와 인의 교육은 사람들의 수많은 문제점을 모두 해결해 주지는 못한다. 게다가 가르치는 사람이 우월함을 느끼고 교만해질 위험이 있다. 할아버지에 따르면, 배움이란 어느 누구의 독단이나 가르침에 의해 얻을 수 있는 것이 아니다. 따라서 남을 올바로 가르치려면 물처럼 고요하고 유연한 마음가짐을 가져야 한다고 말한다.

글 ㈏에서 할아버지는 고요한 마음이 무엇인지 말해 준다. 어떤 것이 좋고 나쁜지를 가르고, 사람을 비교하는 것은 모두 인위적인 것이며, 그런 구분을 하는 사람에게는 우월함이 자리 잡고 있다. 할아버지는 이런 우월함을 버려야 하고 사람마다의 고유한 가치를 존중해 주어야 한다고 말한다.

주제 탐구 **02** 강 무위자연의 이치 – 지나친 간섭은 왜 나쁠까?

case 1　　글 ㉮는 눈먼 닭이 병아리를 키우는 이야기이다. 성한 닭도 병아리를 반 정도밖에 살리지 못하는데, 눈먼 닭은 병아리 모두를 건강하게 키운다. 남달리 지혜가 뛰어난 것도 아니고 먹이를 먹여 준 것도 아닌데 말이다. 이는 눈먼 닭이 조심스럽고 겸허한 마음가짐으로 병아리들을 사람 가까이에 두고, 또 병아리들이 스스로 먹이를 찾아 먹게 했기 때문이다.

글 ㉯는 초롱이란 아이가 병아리를 키우는 이야기이다. 초롱이는 학교 앞에서 병아리 두 마리를 사 왔다. 한 마리는 금세 죽었지만 나머지 한 마리는 정성껏 키우겠다고 마음먹었다. 밤이 되자 초롱이는 병아리가 추울 것 같아 침대로 데려온다. 그런데 다음날 병아리는 깔려 죽은 채로 발견된다. 초롱이의 지나친 간섭과 사랑이 병아리를 죽게 한 것이다.

이 두 이야기에서 알 수 있듯이, 자연의 이치대로 사는 것이 결국 행복을 가져온 다. 지나친 간섭과 인위적인 행동은 자연의 이치에 어긋나 오히려 삶을 망가뜨릴 수 도 있다.

주 제 탐 구 03강 자연스러움이란 생색내지 않는 것

case 1 글 ㉮에서 성연이는 같은 반 친구들을 위해 남모르게 청소를 한다. 주인공 은 성연이가 자신에 호감이 있어서 그런 것으로 오해한다.

하지만 성연이는 주인공 때문에 남았던 것은 아니고, 청소를 하고 싶었던 것뿐이라 고 말한다. 남이 알든 모르든 착한 일을 하는 성연이처럼 노자는 티내지 말고 자연스 레 행동하라고 말했다.

글 ㉯는 왕치와 소새와 개미가 등장하는 이야기이다. 글의 내용으로 보아 왕치는 곤충이고, 소새는 물고기를 잡아먹는 새이다. 어느 날 왕치는 먹이를 구하려다가 도리 어 잉어에게 잡아먹히고 만다. 마침 왕치를 찾아 나선 소새가 잉어를 잡아서 먹던 중 왕치가 튀어나온다. 배 속에서 튀어나온 왕치는 마치 자신이 잉어를 잡은 양 생색을 낸다. 이것은 남의 공을 자신의 것인 양 가로채는 뻔뻔스러움을 풍자하는 이야기이다.

노사는 남에 이로움을 줄 때에도 생색을 내시 말라고 가르쳤다. 어떤 좋은 일을 하든지 자연스럽고 당연한 것으로 여기는 마음을 가지라는 것이다. 생색을 내는 것은 자연스러움을 잃은 행동이라는 것이다. 노자는 이런 것도 '무위자연' 이라고 말했다.

Abitur

쇼펜하우어가 들려주는 의지 이야기

Arthur Schopenhauer

저자_최지윤

고려대학교 철학과 박사 과정을 수료하였고, 어린이철학연구소 강사 및 교재 집필을 했으며,

현재 대진대학교에 출강하고 있다.

쇼펜하우어

Arthur Schopenhauer

> 다음 제시된 글을 통해 쇼펜하우어가 어떤 삶을 살았는지 알 수 있
> 다. 제시된 글을 읽고 쇼펜하우어는 어떤 사람인지, 그의 삶에서 특
> 징적인 점은 무엇인지 요약하시오.

　　쇼펜하우어(1788~1860)는 독일의 단치히에서 상인의 아들로 태어난 유명
한 철학자이다. 괴팅겐대학과 베를린대학에서 철학을 공부하였으며, 예나
대학에서 철학 박사 학위를 받았다.

　　부유한 상인의 아들로 태어난 쇼펜하우어가 삶을 싫어하고, 삶은 살 만한
가치가 없다고 하는 염세주의에 빠져든 데는 어린 시절의 경험이 컸다. 그
는 아버지가 죽고 자유분방한 여류 작가이자 사교가인 어머니와 함께 살게
되었는데, 어머니와 사이가 좋지 않았다. 그래서 불행한 어린 시절을 보냈
고, 친구도 한 명 없는 외로운 삶을 보냈다.

　　세상에 대해 염증을 느낀 그는 신의 존재도 믿지 않았다. 신이 있다면 전
쟁도, 빈곤도 없을 텐데, 실제 삶은 그렇지 않기 때문이다. 그래서 쇼펜하우
어는 무지와 악으로 가득 찬 이 세상을 우리가 어떻게 살아야 하는지에 대
한 답변을 구하려고 했다.

그는 동양학자 F. 마이어를 알게 되면서 인도 고전에도 눈을 떴다. 드레스덴으로 옮겨 4년간 공들여서 쓴 《의지와 표상으로서의 세계》(1819)를 발표하였다. 이탈리아를 여행한 후 1820년에 베를린대학의 강사가 되었지만, 헤겔의 압도적 명성에 밀려 이듬해에 강사직을 그만두고 이탈리아를 여행하기도 했다.

쇼펜하우어는 1831년에는 당시 유행한 콜레라를 피해서 프랑크푸르트 암 마인으로 옮겨가 평생을 그곳에서 살았다. 그의 철학은 칸트의 인식론에서 출발하여 피히테, 셸링, 헤겔 등의 관념론적 철학자를 공격하였지만, 그의 사상 역시 같은 '독일 관념론'에 속한다고 할 수 있다.

1 염세주의

염세주의는 삶을 싫어하고 그 의미를 부정하여 자살을 부추기는 사상이다. 이 사상은 세상은 악이 지배하고 있고, 사람이 사는 동안은 악을 없앨 수 없으며, 그래서 인생은 살 가치가 없다는 생각으로 발전하기도 한다.

2 헤겔

헤겔(1770~1831)은 독일의 유명한 철학자로 독일 관념론을 완성한 사람이기도 하다. 쇼펜하우어는 당시 헤겔의 인기를 시샘하여 헤겔과 같은 시간에 강의를 개설하기도 했지만 학생들의 인기를 끌지 못했다.

3 독일 관념론

독일의 철학자인 피히테, 셸링, 헤겔이 발전시킨 철학이다. 칸트 이후 19세기 중반까지 독일 철학의 중심이 되었던 사상으로 '이상이 현실을 지배한다'는 생각에 초점을 맞추어 독일 이상주의라고도 한다.

4 인도 철학

  인도에서 성립, 발전한 철학과 종교, 사상을 연구하는 학문이다. 인도에서는 철학의 관심이 인간의 자아('나')에 있다. 따라서 '자아를 알라'라는 말은 인도의 모든 가르침을 요약하는 말이라고 할 수 있다. 인도 철학은 사람의 내면에는 모든 것의 중심인 마음이 있으며, 삶의 변화무쌍한 다양성과 세세한 활동 속에 내면의 삶이 나타난다고 보고 있다.

1강 쇼펜하우어가 말하는 '의지'는 무엇인가요?
2강 고통스러운 삶? 행복한 삶!

01강 쇼펜하우어가 말하는 '의지'는 무엇인가요?

case 1 **사람들은 왜 태어나서 살다가 죽는 것일까? 또 우리가 살아갈 수 있게 하는 원동력은 무엇일까? 다음의 제시글을 읽고 이에 대해 요약하시오.**

"식물이나 곤충의 죽음도 사람의 죽음과 똑같단다. 사람이 살려고 하는 것처럼, 식물이나 곤충도 다 제각기 나름대로 살려는 의지가 있지. 살다가 죽고, 또 살다가 다음 자손에게 생을 물려주고, 그러면 그 다음 자손이 살고, 이런 과정을 거쳐서 우리가 사는 세상이 계속 이어지는 거란다."

갑자기 현호의 머릿속을 스치고 지나가는 생각이 있었어요. 며칠 전에 들었던 할머니의 친구 분이 돌아가셨다는 말에, 막내 이모에게 현호가 던진 뜬금없는 질문 말이에요. 잠시 생각해 볼 사이도 없이 현호는 곧바로 외삼촌에게 물어봤어요.

"외삼촌, 그럼 사람은 왜 태어나서 살다가 죽는 거예요? 안 태어나면 죽지도 않잖아요."

"자, 곰곰이 생각해 보자. 우리 모두는 태어나고 싶어서 태어난 것은 아니지? 현호가 원해서 지금의 엄마 아빠를 선택한 것도 아니고."

인수가 재빠르게 대답합니다.

"맞아요. 엄마 배 속에 있었던 것도 기억나지 않는데 어떻게 택하겠어요."

"그래, 하지만 사람이 한 번 태어나서 움직이기 시작하면 멈추기를 원하지 않는단다. 인수가 매미를 잡았을 때, 매미가 가만히 잡혔니?"

"아니요, 제 손에서 벗어나려고 꼼지락꼼지락 거렸어요."

"그래, 사람도 마찬가지야. 쇼펜하우어라는 철학자는, 그렇게 살려고 바동거리는 것을 맹목적인 '삶에의 의지(Wille zum Leben)'라고 했어. 삶에의 의지는 식물과 곤충, 동물은 물론이고 사람의 내면에도 있단다. 너희들이 잡았던 매미만 해도, 태어나자마자 매미가 되는 것은 아니야. 먼저 암컷 매미가 알을 낳아서, 거기서 매미가 되는 애벌레가 나오면 바로 땅속으로 들어간단다. 땅속에 있으면서 바늘처럼 뾰족한 입으로 나무뿌리를 찔러 즙을 빨아먹으면서 그렇게 얼마나 있는 줄 아니?"

"음…… 한 달이요? 두 달?"

"한 달이라고? 하하, 적게는 1~2년부터 길게는 6~7년까지란다. 북아메리카의 '17년 매미'라 불리는 매미는 땅속에서 무려 17년을 보내고, 겨우 1주일만 어른벌레로 지내는 것으로 유명하지. 이처럼 매미가 땅 위로 나와서 맴맴히고 울 때는 물론이고, 그 작은 애벌레가 땅속에서 잠들었을 때에도, 쇼펜하우어가 말한 '삶에의 의지'는 계속된단다. 쭈욱!"

– 《쇼펜하우어가 들려주는 의지 이야기》 중에서

case 2 '삶에의 의지'와 '인간은 이성적 동물이다'라는 주장은 어떻게 다른 것인가? 또 쇼펜하우어는 이성과 의지 중 어느 것이 먼저라고 생각했는지 다음 제시글을 읽고 논술하시오.

"네! 우리 누나가 학교에서 배운 걸 얘기하면서 '인간은 이성적 동물'이라고 얘기했던 게 기억나요. 그래서 제가 누나한테 누나는 동물은 맞는데 이성적인지는 모르겠다고 말했다가 엄청 맞았어요. 히히."

동준이의 말에 삼총사와 삼촌은 신나게 한바탕 웃습니다.

"그래, 예전에 많은 철학자들은 인간의 생각하는 능력을 중시했어. 그래서 인간을 '이성적 동물'이라고 불렀단다. 인간만이 이성으로 판단과 계산을 하고 언어로 표현을 할 수 있다는 뜻이지. 하지만 쇼펜하우어는 인간과 동물은 겉으로 보기에는 차이가 있지만 그 안은 같다고 생각했어. 왜냐하면 인간에게도 동물과 같은 살려는 의지가 자리 잡고 있기 때문이지. 아까 매미가 살려고 꼼지락거린 것처럼, 인수도 넘어질 때 안 넘어지려고 안간힘을 썼겠지? 그게 바로 삶에의 의지라는 거지."

"그런데 왜 맹목적이라고 하죠?"

"인간에게는 이성과 욕망이 있어. 너희들이 자주 타는 자전거를 예로 들면, 앞으로 나아가고자 하는 바퀴는 욕망이고 그것을 손잡이로 조정하는 것이 곧 이성이란다. 하지만 너희들이 자전거를 탈 때, 손잡이만 잡으면 자전거가 앞으로 가니?"

"아니요. 손잡이만 잡고 가만히 있으면 앞으로 가긴커녕 3초도 못 견디고 넘어져요."

며칠 전에 자전거 타는 것을 배웠던 현호가 냉큼 대답합니다.

"그래, 자전거를 탈 때 손잡이를 잡아서 조정하는 것도 중요하지만 우선 페달을 밟아서 바퀴를 앞으로 밀어 주는 힘이 반드시 필요해. 이처럼 이성이 모든 것을 통제하는 것 같지만, 사실은 욕망, 즉 의지가 항상 먼저란다. 자동차를 운전할 때 시동이 먼저고 핸들 조정이 다음인 것처럼 말이다. 인간은 이러한 본능에 쫓겨 맹목적으로 살 뿐이지. 이러한 의지는 '절름발이를 어깨에 메고 가는 힘센 장님'과 같지. 스스로 볼 수 없으니까 눈의 도움을 필요로 하는 거란다."

－《쇼펜하우어가 들려주는 의지 이야기》 중에서

case **3** 고통은 어떻게 생겨나는 것일까? 쇼펜하우어는 왜 세상이 고통으로 가득 차 있다고 주장하는 것일까? 다음 제시글을 읽고 이에 대해 논하고, 여러분은 어떻게 생각하는지 설명하시오.

"우리가 느끼는 고통이랑 곤충들이 느끼는 고통도 똑같겠죠?"

"모두 다 똑같다고 말할 순 없지만, 사람은 사람 나름대로의 동물은 동물 나름대로의 고통이 있겠지. 물론 그 고통의 세기나 크기도 모두 다 다르겠지? 그건 사람과 사람 사이에서도 각각 개인차가 있지만, 분명한 것은 고통이 존재한다는 점이란다."

현호는 어제 외삼촌이 말씀해 주셨던 쇼펜하우어라는 철학자에 대해서 더 듣고 싶었습니다. 그 철학자도 고통에 대해서 말했을까? 하고요.

"외삼촌, 고통은 어떻게 생기는 거예요? 혹시 어제 삼촌이 말씀해 주신 철학자도 고통에 대해서 얘기한 적이 있나요?"

"그럼, 쇼펜하우어야말로 인간의 고통에 대해서 깊이 생각한 철학자였어. 그는 세계가 고통과 고난으로 가득 차 있다고 생각했지. 왜냐하면 사람들은 쾌락을 더 원하고 고통을 피하려고 하지만 그 소망이 이루어지는 일이 드물기 때문이야."

"쾌락과 고통……. 쉬운 것 같으면서도 어려운 말 같아요."

(……)

"그래, 게임을 계속 하는 쾌락을 원하고, 학원에 가야만 하는 고통을 피하고 싶지만 그 소망이 이루어지긴 쉽지 않지? 그렇게 고통은 지속되는 거란다. 너희들 일뿐만이 아니라, 세상에는 그런 경우가 아주 흔하기 때문에 쇼펜하우어는 세상이 고통과 고난으로 가득 찼다고 이야기한 거야."

"쾌락이라는 건 끝이 없나 봐요."

동준이가 무언가 알겠다는 듯 똘망똘망한 눈으로 외삼촌을 쳐다봅니다.

"그래, 동준이 말이 맞아. 하나의 쾌락이 실현되면 더 새로운 쾌락을 맛보고 싶은 욕망이 생겨나기 때문이지. 그래서 사람의 욕심에는 한이 없다고 말하는 거야. 가끔 지나친 욕심 때문에 판단을 잘못하여 서로 싸움이 생기기도 하고."

"그렇다면 쾌락을 추구하는 건 안 좋은 거네요?"

"글쎄, 사람의 본성상 쾌락을 억제할 수는 있어도 아예 생각하지 않을 수는 없단다. 문제는 고통과 쾌락이 동시에 있으면 고통이 쾌락보다 더 강력해진다는 거야. 사람은 고통부터 먼저 느끼니까. 건강도 마찬가지지. 아파 봐야 그 소중함을 알게 되잖니."

— 《쇼펜하우어가 들려주는 의지 이야기》 중에서

주 요 개 념 및 배 경 지 식

1 이성과 의지

이성은 합리성을 뜻하고 의지는 본능적 욕구를 말한다. '인간은 이성적 동물이다' 라고 말할 때 이성은 계산 능력, 추리 능력 등을 모두 말하는 것이며 감성과 대조적인 말이다. 반면 의지는 '~하고자 하는 충동' 으로 본능적으로 인간이 자신을 보존하고자 하는(유지하고자 하는) 욕구를 뜻한다.

2 맹목

글자 그대로 '맹목(盲目)' 은 눈이 멀어서 보지 못하는 눈으로, 여기서는 이성에 의해 판단할 수 없는 그래서 분별력을 갖지 못한 상태를 뜻한다. 맹목적인 의지는 이성으로 통제하고 관리할 수 없다.

3 쾌락과 고통

'쾌락' 은 곧 즐거움을 주는 경험이고, 그 반대는 '고통' 이며, 이 뜻은 감각적인 또는 감정의 극단적인 불쾌감이라고 할 수 있다. 쇼펜하우어는 쾌락보다 고통이 더 강력하다고 주장한다. 그런데 고통은 끊이지 않으므로 살면서 순간적으로 쾌락을 느낀다고 하더라도 결국 인간은 고통에서 벗어날 길이 없다고 할 수 있다.

02_강 고통스러운 삶? 행복한 삶!

case 1 쇼펜하우어는 삶은 고통의 연속이라고 주장한다. 그렇다면 죽음에 이르러야만 고통에서 벗어날 수 있다는 것일까? 다른 사람들에게는 삶이 살 만한 가치가 없다고 주장한 쇼펜하우어는 실제로는 72세까지 장수한 인물이라고 한다. 다음 제시글을 살펴보고, 쇼펜하우어에 대하여 설명하시오.

　쇼펜하우어는 삶을 혐오했지만 삶에 대한 집착도 강해 이발사가 자신을 해칠지 모른다고 생각하여 절대 면도를 못하게 했다. 또한 잘 때 베개 밑에 권총을 숨겨 두기도 했다. 헤겔이라는 유명한 철학자를 비판하면서 자신이 헤겔보다 더 낫다고 생각한 쇼펜하우어는 경쟁을 위해 헤겔의 강의 시간과 같은 시간에 수업을 개설했지만 학생들에게 인기를 끌지는 못했다. 유럽에서 콜레라라는 전염병이 번졌을 때는 자신의 안전을 위해 제일 먼저 도망가기도 했다. 또한 쇼펜하우어는 일생 동안 연금으로 살아가면서 경제적인 어려움도 느끼지 않았다.

시간 가는 줄 모르고 아기만을 바라보고 있던 현호는 문득 탄생이란 무엇인가 알고 싶었습니다. 현호도, 인수도, 동준이도, 심지어 외삼촌도 태어났을 때 모두 저렇게 작은 아기였을 텐데 어느새 이렇게 커 버리다니 도대체 신비한 생명이란 무엇일까요?

"나도 처음에는 저런 모습이었어요?"

"응, 그럼. 외삼촌도 처음에는 저런 모습이었지."

"외삼촌, 그럼 나는 세상에 어떻게 나온 거예요?"

"그거야, 현호네 엄마와 아빠가 처음 만나 사귀면서 사랑하게 되었고, 그래서 결혼을 한 후에 현호를 낳게 된 것이겠지?"

"그럼 왜 인간은 사랑을 하고 아기를 낳아요?"

현호의 질문을 받은 외삼촌이 잠시 곰곰이 생각하시고선 말씀하셨어요.

"인간은 죽음으로 생을 마감하는 것을 두려워한단다. 그래서 그 두려움을 극복하기 위해, 후손을 준비하려고 아이를 낳는 거야."

가만히 듣고 있던 동준이가 다시 질문을 던집니다.

"그런데 후손을 준비하는 건 사람만 하는 건 아니잖아요."

"그렇지. 사람이 아이를 낳아서 몸이 닳도록 자식을 먹이고, 입히고, 가르치는 것은 모두 죽음을 극복하고자 하는 본능 때문이란다. 사람뿐만 아니라 다른 모든 생명체도 성장하면 후손을 준비한단다. 식물은 꽃을 피워 열매를 맺고 그 씨앗을 땅에 다시 뿌리지. 동물들이 새끼를 낳는 것도 모두 생명을 영원히 잇고자 하는 거야."

"우아…… 뭔지 잘은 모르겠지만 뭔가 굉장한 것 같아요!"

"그래, 사람이 서로 좋아하고, 결혼해서 아이를 낳는 것이 그냥 당연하게 여겨지기도 하지만, 좀 더 넓게 본다면 인류의 존속이 달려 있는 아주 중요한 문제란다."

현호는 아까만 해도 단순히 귀엽게만 보였던 아기가 이제는 무언가 중요한 사명을 띠고 있는 것 같다는 생각이 듭니다. 현호와 인수, 동준이는 다시 새삼스럽게 아기의 얼굴을 물끄러미 바라봅니다.

– 《쇼펜하우어가 들려주는 의지 이야기》 중에서

고개를 떨어뜨리고 있던 인수와 현호는 누가 먼저랄 것도 없이 고개를 들어 영민이 삼촌을 바라봅니다. 여전히 눈가에 눈물이 가득한 인수가 삼촌의 다음 말을 기다리며 코를 훌쩍입니다.

"다른 사람과 고통을 함께 하는 것이 동정심이야. 너희들 지금, 집안 사정 때문에 많이 힘들어 하는 동준이를 생각하면 안타까운 마음이 들어서 가슴이 아프지? 그게 바로 동정심이란다. 공감이나 동감, 자선이라고 불리는 것도 이와 비슷하지. 삼촌이 저번에 고통에 대해서 설명해 준 쇼펜하우어라는 철학자 다들 기억하니?"

"그럼요. 삼촌."

"그래, 쇼펜하우어도 동정심을 매우 중요하게 생각했어."

삼촌이 그동안 들려준 쇼펜하우어 이야기에 유독 관심을 보였던 현호가 물어보았어요.

"왜요?"

"쇼펜하우어에 따르면 사람들은 이기적으로 살아가기 때문에, 다른 사람과 경쟁을 하게 되고 그것 때문에 삶의 고통이 더 커지게 되지. 쇼펜하우어는 이러한 자신의 고통에서 벗어나기 위해 타인의 고통을 함께 나누는 것이 윤리의 근본이라고 했어. 이렇게 타인의 고통을 함께 나누는 동정에서 정의와 사랑이 가능해진단다. 나만 고통을 받는다고 생각하면 이타주의자가 될 수도 있다는 거지. 즉, 다른 사람의 고통이 우리의 고통이고, 우리의 고뇌가 다른 사람의 고뇌라고 생각하자는 거야."

인수는 새로운 사실을 발견했다는 듯 소리칩니다.

"아, 그럼 고통이 꼭 그렇게 나쁜 것만은 아니네요. 다른 사람에 대해 생각해 볼 수 있는 좋은 점도 있는 거잖아요."

"그렇지. 나의 고통과 타인의 고통은 세상을 바라보는 눈을 열어 주는 셈이야. 사람들은 삶에서 생긴 모든 허무함을 같이 느낄 때 사람 사이에 올바른 관계를 만들 수 있단다."

외삼촌은 인수의 머리를 쓰다듬으시면서 계속 얘기해 주셨어요.

"물론 인수와 동준이는 진짜 형제는 아니지만, 인수가 동준이의 고통을 느끼고 가슴 아파 하는 건 친구로서 당연한 일이야. 그런 고통은 나쁜 것이 아니라 오히려 동준이를 잘 이해할 수 있는 좋은 계기가 되는 것이란다. 나뿐만 아니라 다른 사람들두 더 큰 고통에 절망한다고 생각할 때 우리는 그들에게 따뜻한 손을 내밀 수 있겠지. 그렇게 하면 모두가 함께 사는 행복한 사회가 만들어질 수 있단다."

이제 인수의 눈에는 더 이상 눈물이 흐르지 않습니다. 동준이를 위해서 할 수 있는 일이 분명히 있을 거라고 생각하니 기분이 좋아집니다. 동준이가 인수와 현호의 곁으로 다시 돌아올 수 있을까요?

－《쇼펜하우어가 들려주는 의지 이야기》 중에서

생각 쓰기

1 콜레라

콜레라균에 의해 일어나는 소화기계의 전염병으로 주요 증상은 격심한 구토와 설사이다. 인도 셀레베스 섬의 풍토병이었지만 옛날부터 세계 여러 곳에서 대유행을 하는 일이 있었고, 쇼펜하우어가 살았던 당시 유럽에서도 크게 유행했던 전염병이었다. 우리나라에서도 법정전염병으로 되어 있다.

2 윤리

인간이 지켜야 할 도리로서 '~해야 한다'는 서술어로 끝날 수 있는 가치들을 탐구하고 그 옳고 그름을 밝히는 학문이다. 즉 '거짓말을 해서는 안 된다'거나 '어려운 이웃을 도와야 한다'는 등의 도덕 규칙에 대해 반성해 보고 이를 정당화할 수 있는 이론 체계를 만드는 학문이라고 할 수 있다.

3 공감과 동정

공감이란 다른 사람의 생각이나 감정을 자신의 내부로 옮겨 넣어, 다른 사람의 경험과 동일한 마음 상태를 만드는 일을 뜻한다. 공감의 일종으로 '동정'이 있는데, 엄격한 의미에서 동정과 공감은 구별되어야 한다. 동정은 타인의 생각, 감정을 인정하고 상대에게 적극적인 감정을 지니는 것으로, 거기에는 보다 깊은 인간관계가 엿보인다. 그러나 공감은 무생물을 대상으로 하여서도 체험할 수 있는 것으로, 저물어 가는 가을빛이 서글프게 보이거나, 빛나는 한여름의 태양이 힘차게 보이는 것 등을 예로 들 수 있다. 쇼펜하우어는 이러한 공감과 동정이 다른 사람을 이해할 수 있게 하는 길이라고 주장한다.

아비투어 철학 논술

예시 답안

① 쇼펜하우어는 염세주의자로 알려진 독일의 유명한 철학자이다.

② 괴팅겐대학과 베를린대학에서 철학을 공부하였고, 예나대학에서 철학 박사 학위를 받았다.

③ 어린 시절 경험으로 인해 삶은 고통이라고 생각했고, 신의 존재도 믿지 않았다.

④ 인도 철학을 알게 되었고,《의지와 표상으로서의 세계》를 저술하였다.

⑤ 헤겔과 명성을 다투었지만 헤겔만큼 인기를 얻지는 못했다.

⑥ 쇼펜하우어의 철학은 독일 관념론에 속한다.

주 제 탐 구　**01**강　쇼펜하우어가 말하는 '의지'는 무엇인가요?

case 1　쇼펜하우어는 삶과 죽음을 철학의 주제로 삼고 있다. 우리는 태어나고 싶어서 태어난 것이 아니지만 일단 태어나면 살아가고자 하는 의지를 갖게 된다. 그러나 인간은 죽을 수밖에 없는 운명을 갖고 있다. 언제 죽을지는 모르지만 죽는다는 것은 피할 수 없는 인간의 운명이라는 것이다.

쇼펜하우어는 변하지 않는 세계의 본질이 바로 살아가고자 하는 의지, '삶에의 의지'에 있다고 보았다. 이러한 의지는 인간뿐만 아니라 세상 모든 것들의 본질이라는 것이다. 우리가 배가 고픈 것도 잠을 자려고 하는 것도 모두 이러한 살려는 의지가 작용하고 있기 때문이다.

따라서 우리가 어떤 행동을 하는 이유를 잘 살펴보면 이성이나 합리성이 작용하는 것이 아니라 그 바탕에는 '삶에의 의지'가 작동하고 있다고 할 수 있다. 그러므로 우리를 살게 하는 것은 이성이 아닌 살고자 하는 맹목적인 의지라는 것이다.

case 2 쇼펜하우어는 '인간은 이성적 동물이다'라는 주장에 동의하지 않는다. 이것은 인간과 동물을 구분하는 기준이기도 하지만 오히려 쇼펜하우어는 인간과 동물을 동시에 지배하는 충동 즉 의지에 주목한다. 인간과 동물 모두 의지의 지배를 받고 있고 이러한 의지는 이성에 앞선다는 것이다.

인간은 본능에 쫓겨 맹목적으로 살아가고 있는데, 그러한 맹목적인 본능은 집요한 생명력 즉 살려는 의지라고 보았다. 실제로 쇼펜하우어는 인간이 이성적으로 판단하기보다는 오히려 쾌감, 불쾌감으로 판단을 하고 이러한 쾌감, 불쾌감을 판단하기 어려울 경우에 비로소 이성이 개입한다고 주장하기도 했다.

case 3 고통이 생겨나는 이유는 쾌락을 추구하고자 하는 욕망이 만족되지 않기 때문이라고 할 수 있다. 사람들은 쾌락을 추구하고 고통을 피하려고 하지만 그 소망이 이루어지기는 어렵다.

쇼펜하우어는 인생을 고통의 연속으로 보고 있다. 가난, 병, 늙음 모두가 고통이라는 것이다. 마치 불교에서 말하는 태어남, 늙음, 병듦, 죽음, 근심, 슬픔, 번민이라는 일곱 가지 고통과 유사하다.

인간은 태어나는 순간부터 죽을 때까지 잠시도 쉬지 않는 고통 속에서 살아간다. 하나의 고통이 없어진다고 해도 다른 고통이 생겨나고 마침내 죽음에 이르게 된다는 것이다.

자, 이렇게 삶을 고통의 연속이라고 본 쇼펜하우어의 생각에 동의할 수 있을까? 예를 들어 삶은 고통이 아니라고 주장할 수도 있고, 만약 삶이 고통이라고 동의한다고 해도 그것이 의미 없는 삶이라고 즉 나쁘다고 할 수만은 없다고 반박해 볼 수 있을 것이다. 왜냐하면 고통을 통해 오히려 참된 인생의 의미를 깨달을 수도 있기 때문이다.

주 제 탐 구 **02**강 고통스러운 삶? 행복한 삶!

case 1 쇼펜하우어는 인생 자체를 고통의 연속이라고 보고 있다. 그러나 실제 쇼펜하우어의 삶은 어린 시절의 고통스러운 경험을 제외하고는 큰 어려움이 없었다. 국가의 연금을 받아 편안한 생활을 했고 자신감이 지나쳐서 당대의 거장인 헤겔에 도전을 하기도 했다. 또한 쇼펜하우어의 삶을 살펴보면 그 자신이 삶에 대한 집착이 무척 강했다는 것을 알 수 있다. 결국 쇼펜하우어는 그의 생애를 통해서 사람들에게 가장 큰 고통이란 죽을 때까지 모순 속에서 살아가야 한다는 것임을 깨우쳐 주고 있다고 생각할 수 있다.

case 2 쇼펜하우어는 사람이 태어나서 죽을 때까지 잠시 행복에 빠진 듯해도 고통이 끝이 없다고 생각한 철학자이다. 돈이 많다고 해서 혹은 힘이 세다고 해서 행복한 것은 아니다. 돈이 많은 사람도 또 힘이 센 사람도 자신이 갖지 못한 것들 때문에, 갖고 싶은 것들 때문에 고통스러워한다.

이처럼 인생은 고통의 연속이라는 것이다. 그래서 진정한 행복을 위해서는 교양을 갖추어야 한다고 쇼펜하우어는 말하고 있다. 즉 덕을 갖춘다면 욕망으로 인해 생기는 고통으로부터 자유로워질 수 있다는 말이다.

그리스에서는 '최선은 태어나지 않는 것, 차선은 빨리 죽는 것' 이라는 이야기가 전해 오고 있다. 그러나 고통이 전혀 없는 삶은 어떠할까? 행복하기만 할까? 행복은 불행과 대비되는 개념이다. 즉 불행이 없다면, 결핍, 고통이 없다면, 행복을 느낄 수조차 없을 것이다. 고통을 모험으로 즐길 수 있는 용기를 갖고 살아간다면 이 세상은 살 만한 가치가 있다고 할 수 있다.

인생의 가장 큰 공포가 죽음에 대한 공포라고 한다면 이러한 공포를 극복하는 방법은 새로운 탄생, 생명의 출발이라고 할 수 있다. 인간이든 동물이든 후손을 낳고 기르면서 이러한 죽음에 대한 공포를 극복해 나가는 것이다.

case 3 쇼펜하우어는 사람들이 이기적이어서 서로 경쟁하고 그렇기 때문에 삶의 고통이 더 커진다고 말했다. 그렇기 때문에 그는 동정심, 즉 다른 사람의 고통을 자신의 고통처럼 여기는 동정심이 윤리의 기본이라고 보고 있다. 즉 남의 고통을 나의 고통처럼 여길 수 있는 자비심과 공감이 기초가 될 때 도덕적으로 올바른 삶을 살아갈 수 있는 길도 열린다고 보는 것이다.

만약 내가 전혀 고통을 느끼지 않는다면 다른 사람의 고통을 보고 가슴 아파할 수 있을까? 또한 다른 사람에게 고통을 주지 않으려고 노력할 수 있을까? 그럴 수 없을 것이다.

내가 고통을 느끼고, 쾌락과 불쾌감을 느끼기 때문에 다른 사람도 그럴 것이라고 생각하여 내가 피하고 싶은 것을 다른 사람에게도 해서는 안 된다는 윤리적 주장이 이끌어지게 되는 것이다. 고통을 알고 있기에 타인에 대한 동정심을 발휘할 수 있다는 것이다. 그렇다면 행복한 사회란 사람들이 서로의 고통을 나누고, 이해하며 함께 살아가는 것이라 할 수 있다.

Abitur

철학자가 들려주는 철학이야기 039

복희씨가 들려주는 주역 이야기

저자_**김광식**

서울대학교 철학과에서 학사·석사 과정을 마치고 독일 베를린 자유대학교 철학과에서 박사 과정을 마쳤다. 저서로는《사회철학대계 4: 기술시대와 사회철학》(공저)이 있고, 역서로는《흄─나는 존재하지 않는다》,《마르크스 정치경제학의 변증법적 방법 I, II》(공역),《철학대사전》(공역) 등이 있으며, 논문으로는 〈본질과 현상의 범주를 통해 본 인식들 사이의 모순의 문제〉, 〈사이버네틱스와 철학〉 등이 있다. 서양철학과 동양철학을 비교하는 데 많은 관심을 가지고 있다.

1강 《주역》이 대체 뭐야?
2강 오늘만 있다면?
3강 미래가 이미 정해져 있다면?
4강 짝꿍 음과 양을 찾아라!

01강 《주역》이 대체 뭐야?

case 1 다음 글을 읽고 《주역》이 무엇인지 설명하시오.

'주역'은 주(周)나라 시대의 역이라는 뜻입니다. 주나라는 본래 은나라 서쪽의 부족국가였습니다. 기원전 11세기경 문왕과 무왕이 은나라 왕실을 무너뜨리는 혁명을 통하여 천하를 지배하였는데, 그 혁명의 주체인 문왕과 그의 아들 주공이 《주역》의 괘사와 효사를 지었다고 전해집니다. 그래서 '주역'이라는 이름이 생겨난 것입니다. 《주역》의 '역(易)'은 '변화한다', '바뀐다'라는 뜻을 갖고 있는 한자어입니다. 이 세상의 모든 것이 끊임없이 변화한다는 뜻입니다.

우리 속담에 "음지가 양지되고 양지가 음지된다"라는 말이 있습니다. 자연계에서는 더위가 가면 추위가 오고 추위가 가면 더위가 옵니다. 그리고 인간사에서는 행복이 가면 불행이 오고 불행이 가면 행복이 옵니다. 모든 것은 고정되지 않고 변화한다는 것입니다. 그러나 그 변화는 멋대로 이루어지는 것이 아니라 일정한 법칙이 있습니다. 그것을 '도(道)'라고 합니다. 도는 '길'이라는 뜻으로 모든 사물과 인간사가 변화해 나가는 길이라는 뜻입니다.

　이와 같이 자연과 사람의 삶은 끊임없이 변화하기 때문에 미래에 일어날 변화를 미리 알아야 할 필요가 생깁니다. 《주역》은 그 미래를 점치는 책이었습니다. 점이란 미래에 일어날 일을 예측하여 길흉을 판단하고 이에 대응하는 방법을 알기 위하여 치는 것입니다. 이것은 매우 비합리적으로 보일 수 있습니다. 하지만 《주역》의 점법은 앞에서 말한 '변화의 도'에 바탕을 둔 것으로, 여기에는 도덕적인 성격과 논리적인 요소가 다분히 들어 있었습니다. 뒷날의 학자들은 이러한 면을 적극적으로 해석하여 《주역》의 철학적인 토대를 구축하였습니다. 그리하여 《주역》은 동아시아 전통 사회에 있어서 최고의 고전이 되었습니다. 여기에는 수천 년 동안 이루어진 인간과 자연에 대한 지식들이 담겨 있으며 높은 수준의 철학적 사유가 나타납니다. 동아시아 전통 사회에서 최고의 철학자라고 할 수 있는 주자와 퇴계와 율곡 등의 철학 사상을 성리학이라고 하는데, 이 성리학의 기초 개념인 이, 기라는 용어도 《주역》에 근거한 것입니다.

– 《복희씨가 들려주는 주역 이야기》 중에서

생각 쓰기

태호 복희씨

태호 복희씨의 클 태(太)는 '크다, 높다' 이며 하늘 호(昊)는 '하늘이 반짝이고 밝다' 라는 의미이다. 즉, '복희씨의 덕이 매우 높고 반짝여서 하늘의 해와 같이 밝다' 라는 것이다. 복희씨는 모든 의식주 생활에 기술이 없던 시절에 어망을 만들고 고기를 잡을 수 있는 기술과 새를 잡는 법을 사람들에게 가르쳐 주었으며 글자를 만듦으로써 인류 발전에 큰 공을 세웠다고 한다. 그리고 역사서에 따르면 복희씨는 하늘을 관측하는 천문과 땅의 지리를 관찰할 수 있었다고 한다. 또한 동식물과 모든 생물을 아끼고 만물에 공통된 이치를 발견하여 8괘의 자연 현상을 발견하였고 천문 지리와 인간의 길흉화복을 예견하였다고 한다.

02강 오늘만 있다면?

case 1 **다음 글을 읽고 '오늘'만 있다면 좋은 점과 나쁜 점에 대해 말해 보시오.**

"여기가 서기 2006년의 한국이 맞습니다. 물론 확실하진 않지요. 기록해 두지 않았으니까요. 저희는 아는 것이 많지 않습니다. 공부도 하지 않고 기록도 해 두지 않고 겨우겨우 하루하루를 살고 있으니까요. 물론 불편한 점은 있습니다. 작년에는 농사를 지어 보았는데 농사짓는 법을 기록해 두지 않아 어떻게 짓는지 알 수 없었습니다. 그래서 결국 실패했습니다. 그런데도 작년에 왜 실패를 했었는지 또 적어 두질 않아 올해에도 똑같이 실패하고 말았습니다. 먹을 것이 좀 부족하긴 하지만 내일이면 또 어떻게 되겠지요. 우리는 별로 내일을 걱정하지 않습니다. 내일은 또 무슨 수가 나겠지요."

그러나 내일 일을 걱정하지 않는다는 마을 사람들의 표정은 죄다 찡그려져 있었다. 잘 먹지 못해 심하게 말라 있었고 아이들은 늘 배가 고파 울고 있었다.

주희는 자신이 살았던 한국이 얼마나 행복한 곳이었는지 깨달았다. 한국 사람들은 아침에 오늘의 날씨를 알아보고 우산을 챙긴다. 또한 어떤 일을 할 때 과거의 기록을 살펴보므로 성공에 이르게 되고, 과거의 잘못을 거울 삼아 똑같은 실수를 저지르지도 않는다.

'이곳 사람들에게는 오늘만이 중요하구나. 어제를 모범으로 해서 오늘 열심히 살 생각도 하지 않고 내일 있을 일을 미리 대비하지도 않고…… 이렇게 사는 것과 짐승의 삶이 뭐가 다를까?'

－《복희씨가 들려주는 주역 이야기》 중에서

생각 쓰기

주 요 개 념 및 배 경 지 식

1 시간

시간의 한 시점, 즉 시각과 시각 사이의 간격과 그 단위를 지칭한다.

물리량으로서 객관적인 기본 구성 단위이다. 이 단위로는 '초'를 사용하며 1분은 60초로, 1시간은 60분으로 측정한다. 각 물리적인 현상들도 시간적으로 측정하여 원인과 결과 사이의 관계를 예측할 수 있다. 그러나 심리적인 시간과 물리적인 시간은 달라서 심리적인 시간은 주관성이 들어 있는 개인적인 상태라고 본다.

철학적인 사유로 본다면 과거로부터 시작되어 현재와 미래까지 무한히 연속되는 현상과 운동을 지칭할 수 있다.

2 기억

사람이나 동물 등이 생활 속에서 경험한 것, 즉 과거의 경험을 어떤 형태로 간직하고 보유하였다가 필요성을 느껴 의식의 표면에 떠오를 때까지 축적하는 상태를 가리킨다. 이 상태가 재생 또는 재인식 혹은 재구성되어 나타나는 현상을 말한다. 이 기억이 재생될 때에는 의식하거나 의도하지 않아도 상기되고 나타나는 경우가 있다. 그러므로 이 재생이 확실한 체계 속에서 명확히 실현되었다고 할 수는 없다. 이것을 인간의 의식 속에서 혹은 무의식 속에서 일어나는 현상으로 보고 있기 때문이다.

03강 미래가 이미 정해져 있다면?

case 1 다음 글을 읽고 미래는 이미 정해져 있다고 생각하는지 자신의 경험을 바탕으로 자유롭게 생각을 서술하시오.

《주역》은 본래 점을 치기 위한 책이었습니다.

그러나 《주역》의 점은 이른바 점쟁이들이 복채를 받기 위하여 치는 점과는 근본적으로 다릅니다.

64괘를 대표하는 괘는 하늘을 상징하는 건괘(乾卦)와 땅을 상징하는 곤괘(坤卦)입니다. 곤괘 여섯 효 가운데에서 '원길(元吉)' 즉 가장 길한 효로 판정받는 효는 다섯 번째인 5효입니다.

"곤괘의 다섯 번째 효는 황색 치마이니 크게 길할 것이다."

곤괘 5효가 크게 길한 이유를 주자는 다음과 같이 설명합니다.

"황색은 가운데 색이고, 치마는 아래를 꾸미는 것이다. 곤괘 5효는 음효로서 존귀한 자리에 있고 중용과 순종의 미덕이 속에서 충만하여 밖으로 드러난다. 그러므로 그 상이 이와 같아서 그 점이 크게 길한 점이 된다. 하지만 점친 자의 덕이 반드시 이와 같아야 그 점도 또한 이와 같이 길할 것이다."

이 설명에서 우리가 주목해야 할 대목은 '점친 자의 덕이 이와 같아야 그 점도 또한 이와 같이 길할 것이다' 라는 부분입니다. 즉 점에는 '점친 자의 덕' 이라고 하는 도덕성이 중요하다는 것입니다.

－《복희씨가 들려주는 주역 이야기》 중에서

생각 쓰기

1 운명론

운명론은 세상만사가 미리 정해진 필연적 법칙에 따라 일어난다는 생
각을 바탕으로 하고 있다. 이 모든 결과가 인간의 의지로 바꿀 수 없다는
사상으로, 숙명론이라고도 한다.

신앙에서는 이 운명론이 부각되는데 기독교에서는 하나님의 시험과
은총에 따라 구제되고 벌 받는다는 논리와 함께, 예언설도 운명론을 뒷
받침한다. 불교에서는 정해진 업과 윤회가 있으며 이는 해탈을 통해 벗
어날 수 있다고 하여 운명론을 근거로 노력해야 한다고 말하고 있다.

동양사에서는 이 운명론이 깊이 자리 잡고 있어서 하늘에 제사를 지
내기도 하였다. 중국 사상가 순자와 묵자는 이 운명론에 반대한 인물로
서 하늘에 제사를 지내는 것과 운명론에 의거하여 인생사를 예견하는 것
을 부정하였고 자신의 의지로 노력하여 운명을 개척해야 한다고 운명론
을 부정하였다.

2 자유의지

　자유의지를 풀어 보면 스스로 자(自), 말미암을 유(由), 뜻 의(意), 뜻 지(志)이다. 외적인 제약이나 구속을 받지 아니하고 자기 스스로 선악과 일의 목적을 실행하고 판단할 수 있는 내적 동기나 이상을 가진 자유로운 선택적 의지를 말한다. 종교에서는 인간이 창조될 때 신이 인간에게 부여하였다는 자유를 가진 선택적 의지를 지칭한다.

04강 짝꿍 음과 양을 찾아라!

case 1 **다음 글을 읽고 음과 양의 쌍으로 생각되는 예를 들고 왜 그것을 음으로, 그리고 다른 것을 양으로 생각하는지 그 이유를 적어 보시오.**

여호와께서 노아에게 이르시되 너와 네 온 집은 방주로 들어가라 네가 이 세대에 내 앞에서 의로움을 내가 보았음이니라.

너는 모든 정결한 짐승은 암수 일곱씩, 부정한 것은 암수 둘씩을 네게로 취하며 공중의 새도 암수 일곱씩 취하여 그 씨를 온 지면에 유전케 하라.

지금부터 칠 일이면 내가 사십 주야를 땅에 비를 내려 나의 지은 모든 생물을 지면에서 쓸어버리리라.

노아가 여호와께서 자기에게 명하신 대로 다 준행하였더라. 홍수가 땅에 있을 때에 노아가 육백 세라. 노아가 아들들과 아내와 자부들과 함께 홍수를 피하여 방주에 들어갔고 정결한 짐승과 부정한 짐승과 새와 땅에 기는 모든 것이 하나님이 노아에게 명하신 대로 암수 둘씩 노아에게 나아와 방주로 들어갔더니 칠 일후에 홍수가 땅에 덮이니 노아 육백 세 되던 해 이월 곧 그달 십칠 일이라 그날에 큰 깊음의 샘들이 터지며 하늘의 창들이 열려 사십 주야를 비가 땅에 쏟아졌더라.

곧 그날에 노아와 그의 아들 셈, 함, 야벳과 노아의 처와 세자부가 다 방부로 들어갔고 그들과 모든 들짐승들이 그 종류대로, 모든 육축이 그 종류대로, 땅에 기는 모든 것이 그 종류대로 모든 새, 곧 각양의 새가 그 종류대로 무릇 기식 있는 육체가 둘씩 노아에게 나아와 방주로 들어갔으니 들어간 것들은 모든 것의 암수라 하나님이 그에게 명하신 대로 들어가매 여호와께서 그를 닫아 넣으시니라. (……)

– 《구약성서》, 〈창세기〉 중에서

생각 쓰기

주 요 개 념 및 배 경 지 식

노아의 방주

노아의 방주는 대홍수를 대비하여 하나님이 노아에게 만들도록 한 배를 가리키며 이 이야기는 《구약성서》의 〈창세기〉에 나온다.

하나님은 모든 사람들이 타락한 생활에 빠져 악을 행함에 있어 대홍수로 이들을 심판하려 한다. 바르게 살던 노아는 하나님의 예언을 듣고 믿음을 가지고 방주를 만들게 된다. 그는 모든 생물을 태울 만한 커다란 배인 방주를 120년에 걸쳐 만들고, 8명의 자신의 가족과, 암수 한 쌍씩의 동물을 데리고 그 배에 탄다. 대홍수를 만나 모든 생물이 사라지고 이 방주에 탔던 노아의 가족과 동물들은 살아남는다. 대홍수는 하나님의 심판을 상징하며 신앙의 모범에 이르는 예로 삼고 있다.

아비투어 철학 논술

예시 답안

주 제 탐 구 **01**강 주역이 대체 뭐야?

case 1 주역은 주나라 시대의 역이라는 뜻이다. 주역은 전설상의 임금인 복희씨와 주나라의 문왕과 무왕이 지었다고 한다. 주역의 '역'은 바뀐다는 뜻이다. 모든 것이 변한다는 것이 주역의 핵심 사상이다. 《주역》은 사물과 인간이 변화해 가는 법칙을 설명해 놓은 책이다. 그 법칙을 따라가면 앞날도 미리 예측할 수 있으므로 미래의 일을 점치는 책으로도 쓰인다. 하지만 그것은 단순히 점치는 책만은 아니다. 점을 치는 자가 도덕적이지 못하면 좋게 정해진 미래도 나쁘게 바뀔 수 있으므로 착하게 살아야 한다는 도덕적인 가르침이 들어 있는 책이다.

주 제 탐 구 **02**강 오늘만 있다면?

case 1 오늘만 있다면 내일을 걱정할 필요가 없다. 보통 사람들의 걱정은 내일에 대한 것이다. 그러나 내일이 없으면 앞으로의 일을 걱정할 필요가 없이 오늘만 즐겁게 살면 된다. 하지만 내일이 없다면 미래의 일을 걱정할 필요가 없는 반면 희망도 없다. 오늘이 즐거우면 내일에 대한 희망을 가질 필요가 없지만 오늘이 괴로우면 내일은 괜찮아질 것이라는 희망을 갖고 살아간다. 그렇게 하면 오늘의 고통을 견디는 데 큰 도움이 된다.

한편 과거가 없다면 과거에 겪었던 좋지 않은 기억들로부터 괴로움을 겪을 필요가 없이 오늘만 즐겁게 살면 된다. 하지만 과거에 겪었던 즐거운 기억들도 사라진다. 그러한 즐거운 기억들은 오늘의 괴로움을 견디는 데 큰 도움이 된다. 하지만 과거의 즐거운 기억들이 사라진다면 오늘의 괴로움을 달랠 것이 없어져 더 괴로울 것이다.

결국 과거는 과거에 대한 즐겁거나 괴로운 기억으로 현재에 좋거나 나쁜 영향을 미치고, 미래는 미래에 대한 기대나 불안으로 현재에 좋거나 나쁜 영향을 미친다. 다시 말해 오늘만 있을 때의 장점과 단점은 과거나 미래가 현재에 미치는 영향의 좋고 나쁨에 의존한다.

주 제 탐 구 **03** 강 미래가 이미 정해져 있다면?

case 1 미래가 정해지려면 모든 일이 우연이 아닌 필연적으로 일어나야 한다. 우주가 기계처럼 움직인다면 미래의 모든 일은 이미 정해져 있을 것이다. 자연은 기계처럼 정해진 자연법칙에 따라 움직이므로 아마도 미래가 정해져 있을지 모른다. 하지만 자연은 인간을 포함한다. 인간도 기계처럼 움직인다면 인간과 그 인간을 포함하고 있는 자연의 미래도 정해져 있을 것이다. 하지만 인간이 자유의지를 가지고 있다면, 인간과 그 인간을 포함하고 있는 자연의 미래는 정해져 있지 않다.

인간은 자유의지를 가지고 있다. 내가 오늘 숙제를 하려고 생각하고 행동으로 옮기면 내일은 숙제 때문에 벌을 받지 않을 것이다. 하지만 오늘 숙제를 하지 않으려고 마음먹고 숙제를 안 한다면 내일은 숙제 때문에 벌을 받게 될 것이다.

이처럼 인간은 자유의지를 가지고 있기 때문에 그에 따라 주체적으로 생각하고 행동한다. 따라서 앞으로의 일은 인간의 자유의지에 따라 결정되는 것이며, 운명에 의해 미래가 정해져 있는 것은 아니라고 생각한다.

주제 탐구 04강 짝꿍 음과 양을 찾아라!

case 1

바다는 양에 속하고 호수는 음에 속하는 것 같다. 바다는 크고 거칠고 사나운 아빠를 닮았고 호수는 작고 부드럽고 조용한 엄마를 닮았기 때문이다.

산은 양에 속하고 들판은 음에 속하는 것 같다. 산은 크고 도전적이며 위엄이 있는 아빠를 닮았고, 들판은 부드럽고 포근한 엄마를 닮았기 때문이다.

비행기는 양에 속하고 배는 음에 속하는 것 같다. 비행기는 키가 하늘을 향해 쑥 뻗은 아빠를 닮았고 배는 포근하고 차분한 엄마를 닮았기 때문이다.

Abitur

철학자가 들려주는 철학이야기 040

토크빌이 들려주는 민주주의 이야기

저자_**소병일**

고려대학교 철학과 대학원 박사 과정을 수료했으며, 중앙유웨이 논구술 특강 논술 전문위원으로, 현 동덕여대 '발표와 토론' 강사로 재직 중이다.

토크빌

Tocqueville

다음 글을 읽고 **토크빌**이 누구인지, 또 그가 중요하게 생각한 것
이 무엇인지에 대해 요약하시오.

1805년에 프랑스의 파리 귀족 집안에서 태어난 토크빌은 법학을 공부해
판사가 되었습니다.

그는 1831년 교도소 조사를 위하여 미국으로 건너가 미국의 여러 지역을
여행하는 동안 이제 막 민주주의가 자리 잡기 시작한 미국의 정치 제도를
관찰하고 프랑스로 돌아가 《미국의 민주주의》(2권, 1835~1840)를 저술하였
습니다. 토크빌은 이 책에서 당시 프랑스 사회보다 미국이 더 민주적인 이
유를 지방자치, 자발적인 결사체, 배심원 제도 등에서 찾았습니다. 이러한
제도들이 국가권력의 횡포를 막고, 소수의 권리와 이익을 보장하며, 시민들
의 공공의식을 높여 민주주의를 발전시켜 주었기 때문입니다.

토크빌은 민주주의에서 자유와 평등 모두 중요하다고 보았는데, 자유와
평등이 꼭 같이 발전하는 것이라고 보지는 않았습니다. 그의 의견에 따르면
사람들은 자유와 평등 모두를 추구하지만, 특히 평등을 추구함으로써 자유
를 포기하는 모습도 보여 주었기 때문입니다. 사람들은 민주주의 사회에서
자유를 단지 물질적인 부를 얻을 수 있는 방법으로만 생각하는 경향이 있습

니다. 그래서 자유를 얻기 위해서 자신이 가진 부를 희생하라고 하면, 자유를 포기하고 물질적 부를 유지할 수 있는 조건의 평등을 선택하곤 합니다. 자유는 희생을 필요로 하며 유지하기 힘들지만 평등은 쉽게 얻을 수 있기 때문에 평등을 더 좋아하는 것입니다.

그러나 토크빌은 평등이 그냥 좋기만 한 것이 아니라 나쁜 점도 있다고 이야기합니다. 평등은 모든 사람이 동일하다고 생각하게 만들기 때문에 아무 생각 없이 다수의 의견이 나의 의견이라고 생각하여 따르는 수동적인 사람들을 만들어 내거나, 전체의견에서 벗어나는 타인의 의견을 무시하거나 배려하지 않은 자기중심적인 사람을 만들어 낼 수 있습니다. 그런데 이러한 생각은 위험합니다. 왜냐하면 소수가 자기 마음대로 정치를 하려는 전제정치가 바로 이런 배경에서 등장할 수 있기 때문입니다. 선제정치는 한 지배자가 평등이라는 이름하에 자기 마음대로 국민을 선동하고 이끌려고 하는 것입니다. 그래서 각 개인의 자유와 의견에는 귀 기울이지 않고 국민들이 정치에 참여하는 것을 좋아하지 않습니다. 그래서 토크빌은 무조건적인 평등은 전제정치를 불러올 수 있다고 하였습니다.

　나아가 토크빌은 민주주의의 발전에 중요한 언론이 가질 수 있는 부정적인 측면도 경고하였습니다. 평등한 시대의 사람들은 다수의 의견이라고 생각하는 언론을 쉽게 믿고 따르기 때문에 언론이 사람들의 생각을 주도하고 자기가 좋아하는 쪽으로 몰아갈 수 있기 때문입니다.

　토크빌은 영국을 방문해 밀과 같은 사상가들과도 학문적으로 교류하였고, 밀에게 큰 영향을 주었습니다. 그리고 1849년에는 외무 장관을 지냈으며 정치를 그만둔 후에는 역사 연구에 몰두하였습니다.

생각 쓰기

1 지방자치

지방자치란 일정한 지역을 기초로 하는 지방자치단체가 중앙정부의 일방적인 지배에서 벗어나 지역과 관련된 일을 자율적으로 처리하는 활동 과정을 말한다. 지방자치는 자신이 속한 지역의 일을 주민 스스로 처리한다는 민주정치의 가장 기본적인 요구에 기초를 두고 있다.

2 결사체

결사체란 특정한 관심과 목적을 동일하게 가진 사람들이 모여 만든 집단을 말한다.

3 배심원 제도

배심원 제도란 법률 전문가가 아닌 사람들이 재판에 참여하여 평결하는 제도를 말한다. 배심원 제도는 소수의 법률 전문가가 범죄사실을 심리하고 평결하는 재판제도의 문제점을 보완할 수 있다는 장점이 있다.

1강 민주주의의 기본 원리
2강 민주주의에서 나타날 수 있는 문제

01강 민주주의의 기본 원리

case 1 ⑦의 글에 나타난 민주주의의 기본 원리가 ⓬의 반상회에서 어떻게 적용되고 있는지에 대해 설명하시오.

⑦ 민주주의란 소수가 아닌 국민 모두가 권력을 가지고 그 권력을 스스로 행사하는 제도이며, 법치주의와 다수결의 원리에 따른다.

⓬ 반상회의 안건은 여러 가지가 있었다. 가장 먼저 논의된 것은 재활용 분리수거 방법이었다. 현재 한 달에 두 번씩 분리수거를 하고 있는데, 주민들의 생각은 그 횟수가 너무 적다는 것이었다. 횟수를 더 늘리든지 아예 아무 때나 원할 때 분리수거를 할 수 있도록 해달라는 의견이 많았다.

보영이도 이 의견엔 동의했다. 전에 살던 집에서도 분리수거를 너무 밀려두었다 하는 바람에 집 안에 쾨쾨한 곰팡이 냄새가 나고 베란다는 늘 쓰레기장처럼 너저분했던 기억이 났기 때문이다.

부녀회장 아줌마, 통장 아줌마, 반장 아저씨, 그리고 여러 아줌마들이 주축이 되어 한참을 의논한 끝에 결국 횟수를 늘리는 방안을 택하기로 했다.

"분리수거를 아무 때나 하면 더욱 좋겠지만 그렇게 하면 동네가 너무 지저분해질 우려가 있으니 양해해 주시고, 앞으로 1회 또는 2회 정도 횟수를 늘려 보겠습니다. 그럼 다음 안건으로 넘어갑시다."

통장 아줌마가 이렇게 말하자 모두 박수로 동의했다. 이때 보영이의 눈에 출입문 옆에 앉은 종민이가 보였다. 엄마를 따라온 모양이었다. 종민이와 똑 닮은 아주머니가 옆에 앉아 있었다. 보영이는 못 본 체했다. 사람이 워낙 많아서 종민이는 보영이를 발견하지 못할 것이라는 생각 때문이었다.

다음은 불편한 점을 건의하는 시간이었다.

"아파트 뒷문 계단의 모서리가 아이들이나 노인들에게는 너무 위험해요. 안전 보호대를 설치해 주세요."

"엘리베이터 천장에 깨진 부분이 있어요. 작아서 잘 안 보이지만 그것도 위험해요. 얼른 교체해 주세요."

"자전거도로에 경사지고 울퉁불퉁해진 곳이 있어요. 고쳐 주세요."

주민들은 주로 주거 환경의 안전을 위해 목소리를 높였는데, 자기 가족뿐 아니라 이웃까지 따뜻하게 배려하는 마음씨가 돋보였다.

"음식물 쓰레기 버릴 때 제발 비닐봉지까지 함께 넣지 말아 주세요. 그걸 누구 보고 처리하라는 건지……."

어떤 아줌마가 불쑥 일어나 투덜거리며 말했다. 그러자 잠시 후 어떤 아저씨가 슬그머니 일어나 대답했다.

"죄송합니다. 사실 제가 그런 적이 한 번 있습니다. 실수로 봉지까지 떨어

뜨렸는데 어떻게 해야 할지 몰라 도망친 적이 있었어요. 그 후로 음식물 쓰레기는 계속 플라스틱 용기에 담아 가서 비우고 있습니다. 정말 죄송합니다."

약간은 흥분해서 말했던 앞의 아줌마는 금방 낯빛이 바뀌었다.

"그랬군요. 아, 그럴 수도 있지요, 뭘."

두 사람의 이야기를 듣고 있던 나머지 사람들도 하하하 웃었다.

잘못에 대해서 금방 뉘우치며 고백하고, 그것을 또 그 자리에서 용서해 주는 모습이 요즘 어른답지 않다고 보영이는 생각했다.

　　　　　　　　　　　　　　　　- 《토크빌이 들려주는 민주주의 이야기》 중에서

생각 쓰기

"저는 반대합니다. 물론 그런 학교가 생기면 장애아들에겐 편리함을 가져다 주겠지만, 만일 우리 동네에 그런 시설이 들어오게 되면 어른들 말씀처럼 집값도 떨어지고 안 좋은 동네라는 인식을 심어 주게 될 것 같습니다."

현숙이는 엄마들이 말한 것을 앵무새처럼 그대로 따라 했다. 보영이가 입을 삐죽거렸다.

"저도 반대합니다. 코숭이 마을은 정말 살기 좋고 아름다운 동네입니다. 교통사고도 잘 나지 않고 도둑도 없어서 안심하고 살 수 있는 동네인데, 혜성학교가 들어오면 분위기가 안 좋아질 것 같습니다. 그런 학교는 어디 멀리 도시 외곽에 세웠으면 좋겠습니다. 굳이 우리 동네 한가운데 들어올 이유가 있을까요?"

한경이가 잘난 체하며 말했다.

"굳이 우리 동네에 들어올 이유도 없지만 못 들어올 이유도 없다고 생각합니다. 이제까지 그런 걸 생각해 본 적은 없었는데, 막상 우리 동네에 그런 일이 생긴다고 하니 잘 생각해 보아야 할 것 같습니다. 집값이 떨어지고 분위기가 안 좋아질 것이라는 걱정은 우리들의 입장일 뿐입니다. 장애 어린이나 그 부모님 입장에서 한번 생각해 보았으면 합니다. 제 사촌 동생도 장애를 가졌는데 학교생활이 매우 힘들어서 특수학교로 옮기고 싶어도, 집에서 너무 멀어 힘들다고 합니다. 그런 학교가 가까이에 있다면 장애 어린이 가족들은 참 반가워할 것입니다."

생각이 깊고 어른스러운 정우가 길게 얘기했다. 고개를 끄덕이는 친구들이 많아졌다.

"하지만 장애아 가족의 이익만 따질 수는 없습니다. 장애 어린이보다 일반 어린이가 훨씬 더 많으므로 수가 많은 쪽의 이익을 따라가는 것이 민주주의 아닐까요? 다수결 원칙이란 것도 그래서 있는 거고요."

진주가 평소답지 않게 진지하게 이야기했다.

"진정한 민주주의는 소수의 의견을 소중히 하고, 특히 약한 자의 편을 들어주는 것이라고 생각합니다. 약한 자를 위해서 배려해 주는 것이 진정한 민주주의고 잘사는 동네, 잘사는 나라가 아닐까요? 못사는 사람이 잘살게 되는 평등한 나라가 진정한 민주주의 국가라고 생각합니다."

정우가 다시 말을 되받았다.

"평등만이 제일은 아니지요. 민주주의 국가에서는 평등 못지않게 자유도 중요합니다. 모든 사람이 어떻게 평등해질 수 있습니까? 평등을 위해서 자유까지 억압할 필요는 없다고 생각합니다."

한경이도 기세등등하게 되받아쳤다.

"진짜…… 민주주의는 자유와 평등이…… 잘 조화된 것이라고 생각합니다. 그러기…… 위해서는 개인주의적인 욕심보다는…… 공동의 이익을 추구해야…… 할 것입니다. 그래서 혜성학교…… 문제도 그런 입장에서 볼…… 때 우리 동네가 떠안아야 할…… 일이라고 생각하는데요."

느리지만 또박또박 이어지는 종민이의 말에 아이들은 크게 고개를 끄덕이더니 한동안 말을 하지 못했다.

"그럼 다른 의견은 없으신가요? 우리 동네에 혜성학교라는 특수학교가 생기는 것을 찬성하는 쪽으로 결론지어도 되겠습니까?"

"네."

아이들이 한목소리로 대답했다. 박수치는 아이도 있었다.

－《토크빌이 들려주는 민주주의 이야기》 중에서

생각 쓰기

"오늘 회의를 해 보니 어떠냐? 평소에 생각해 보지도 못한 문제에 대해서 진지하게 생각하는 기회가 되었지? 쓰레기 소각장, 하수처리장, 고아원, 복지시설 등과 같은 소위 '비선호 시설'이 사회에 꼭 필요한 것이라는 걸 알면서도 우리 동네에는 절대로 안 된다는 생각을 많이들 하지만, 그건 결코 바람직하지 않단다. 우리의 이익이 중요한 만큼 다른 사람, 즉 다른 동네 사람들과 그 시설의 혜택을 입을 많은 사람들의 이익도 똑같이 중요한 것이니까 말이야. 그러니 무턱대고 반대할 일은 아니라는 거지. 공동의 이익을 생각하는 것이 진정한 민주주의다. 나, 우리 가족, 우리 동네만 생각하는 것은 위험한 생각일 수도 있단다. 참다운 민주주의를 완성하려면 사람들의 인식이 바뀌어야 하지. 그리고 그것이 계속해서 전승되어야 해. 마음의 습속(습관이 된 풍속)이라고 할까? 이러한 마음의 습속과 전통을 만들어 가는 데 중요한 역할을 하는 것이 바로 시민사회란다."

"그게 뭔데요?"

누군가 물었다.

"시민사회란, 프랑스의 철학자이자 정치가인 토크빌의 말을 빌리면, 시민과 국가의 관계를 매개하는 집단들의 집합체를 말한단다. 쉽게 말하면 스스로 발생된 사회집단이지. 우리 주위에도 시민운동 단체 같은 게 많이 있잖아. 그런 것들이야. 시민사회는 개인과 국가의 중간 영역으로서, 국가의 독재를 막고 개인주의의 폐해(나쁜 점)를 방지하는 역할을 한단다. 이들이 추구하는 이익은 사적인 것이 아니라 공동의 이익, 다른 사람들의 이익에도 충실한 것이라는 게 특징이지. 마을에서 일어나는 모든 일에 참여하기도 하고. 때문에 반상회 같은 것도 여기에 속한단다. 올바로 운영되기만 한다면 말이야. 하하."

"너무 어려워요!"

여기저기서 아이들이 소리쳤다.

"시민사회는 민주주의를 가능하게 하는 사회 문화적인 기반이라고 할 수 있단다. 우리 모두는 물질적인 이익만을 추구하는 지극히 개인적인 존재로 전락하기보다는 개개의 시민사회 속에서 각자의 역할을 다하여 공동의 이익을 추구하는 구성원이 되어야 한다. 그게 바로 민주주의란다. 최대 다수 성원의 복지가 목표인 사회, 대중들의 행복을 최우선으로 하는 사회가 바로 민주주의 사회라고 할 수 있지."

— 《토크빌이 들려주는 민주주의 이야기》 중에서

02강 민주주의에서 나타날 수 있는 문제

case 1 민주주의 사회에서는 의견이 서로 대립하면 투표를 통해 다수의 뜻에 따른다. 다음을 읽고 이러한 다수결의 원칙이 가질 수 있는 문제점에 대해 설명하시오.

"지현 엄마! 그럼 이제 와서 발을 빼겠다는 거야?"

"아무래도 소용없을 것 같은데 어떡해? 먹고살기는 해야지. 이러다가 밥줄까지 끊기겠어."

"누가 매일 나오래? 시간 될 때만이라도 나오라는 거 아냐?"

"몰라! 난 그만 할래. 나 찾아오지 마."

"혼자만 살겠다고 그러고 간다 이거지!"

문을 열려고 하는데 누군가가 문을 발로 쾅 치고 나오는 바람에 하마터면 진주가 다칠 뻔했다. 보영이는 진주 뒤에 얼른 숨었다.

몇몇 사람이 계단을 내려가자 뒤쫓아 나온 여러 사람들이 욕을 해대며 뒤따라갔다. 그러더니 1층 약국 앞에서 다시 한바탕 소란이 벌어졌다. 감정이 격해진 아저씨 둘이서 멱살까지 잡고 싸웠던 것이다. 다른 사람들도 싸움을 말리기는커녕 오히려 서로 편을 들며 싸움을 부추기고 있었다. 급기야 파출소에서 경찰들이 출동하고 나서야 겨우 조용해졌다.

"엄마!"

싸움이 끝나는 걸 보고 나서 진주는 엄마를 찾아 휴대폰을 건네주었다. 보영이도 엄마를 발견하고는 안으로 들어갔다. 사무실 안에는 아직도 수십 명의 아저씨, 아줌마들이 앉아 있었다. 조금 뒤 대머리가 벗겨진 서점 주인 아저씨가 입을 뗐다.

"코숭이 마을이 어쩌다 이렇게까지 됐는지…… 그놈의 혜성학교 때문에…… 에잇!"

"그러게 말이에요. 그까짓 것 그냥 설립하라고 내버려 둘까요?"

어떤 아줌마가 고개를 비죽 내밀며 말했다.

"안 돼요. 여태껏 얼마나 힘들게 싸웠는데…… 이게 다 누이 좋고 매부 좋고, 다 같이 잘되자는 건데 왜들 힘 빠지게 이러세요?"

미용실 아줌마가 흥분하며 끼어들었다.

"이게 다 같이 잘살자는 겁니까? 솔직히 그건 아니죠. 벌써부터 이렇게 의가 상하고 분열이 생기는데. 그리고 혜성학교 설립을 원하는 사람들은 뭡니까? 그 사람들은 외계인입니까? 사실 그들도 이익을 추구할 권리가 있어요. 우리 이쯤에서 그만 양보합시다."

모르는 아저씨가 점잖게 말했다.

"맞아요. 그동안 코숭이 마을이 얼마나 다른 동네에 모범이 돼 왔습니까? 이건 너무 망신스러운 일인 것 같아요."

누군가 동의했다.

"하지만 여기 계신 분들 모두 불과 몇 시간 전만 해도 열심히 반대하셨잖아요. 이러지 말고 우리 투표로 결정합시다."

보영이 엄마도 속으로 갈등을 느끼고 있는 것 같았다.

"무슨 투표?"

보영이가 엄마에게 조용히 물었다.

"소송을 할 건지 말 건지."

"소송?"

"응, 혜성학교 설립 허가를 취소해 달라는 소송 말이야. 이제 법에 맡겨야지. 자꾸 싸우기만 하고 안 되겠어."

"어떻게 하는 건데?"

"법원에 소장을 내면 되지."

"소장은 또 뭐야?"

"법원에 제출하는 최초의 진술서를 말하는 거야. 우리 생각을 다 정리해서 제출하는 거지."

30분쯤 지나자 나갔던 사람들이 다시 하나 둘 들어오기 시작했다. 곧 투표를 하기로 했다는 것이다. 보영이는 투표 결과가 궁금해서 남아 있었고,

진주는 학원에 가야 한다고 먼저 가 버렸다.

임시로 만든 투표용지에 각자 볼펜으로 표시를 해서 제출했다. 보영이가 슬쩍 엿보니 엄마는 소송을 찬성하는 쪽에다 표시했다.

"자, 이제 개표하겠습니다."

서점 아저씨가 표를 펴고, 세탁소 아줌마가 칠판에 표시했다.

"찬성, 찬성, 찬성, 반대, 찬성, 반대, 반대, 찬성, 찬성, 반대……."

한참 뒤 결과가 나왔다. 총 67명 가운데 43표가 소송 찬성, 24표가 소송 반대였다. 그래서 결국 소송을 하기로 결론이 났다.

소송에 반대하는 사람들은 모임에 나오지 않겠다고 하면서 집으로 돌아가고, 찬성자들 중에서 소송을 준비할 대표자들을 뽑은 다음 이날 모임은 일단 끝이 났다. 보영이 엄마도 대표자 중 한 사람이 되었다.

－《토크빌이 들려주는 민주주의 이야기》 중에서

case 2 다음 글을 읽고, 민주주의 사회에서 나타날 수 있는 문제점과 진정한 공공의 이익에 대해 각각 설명하시오.

㉮ 민주주의 시대에는 행복해지려는 욕망이 보편적으로 나타난다. 그러나 그 범위는 한정되어 있다. 거대한 궁전을 짓는다거나 자연을 정복하거나 또는 모방한다거나 하는 인간의 열정을 만족시키기 위해 세계를 샅샅이 뒤지는 것은 생각조차 할 수 없다. 그러나 몇 평의 땅을 늘리는 것이라든가 과수원을 만드는 것, 주택을 확장하는 것, 생활을 보다 안락하고 편리하게 하는 것, 어려움을 피하는 것, 그리고 아무런 노력이나 비용도 들이지 않고 가장 작은 욕망까지도 충족시키는 것 등은 항상 머리에 떠오른다. 이러한 것은 비록 작은 목표들이지만 그들은 이러한 것에 얽매인다.

– 토크빌, 《미국의 민주주의》 중에서

㉯ "그래요. 그렇게 맑고 순수한 사람들을 보고 손가락질한 우리가 바로 진짜 장애인이지요. 몸의 장애보다 마음의 장애가 더 심각한 겁니다. 인간은 누구나 평등과 자유를 누릴 권리가 있는 건데…… 그동안 우리가 너무 이기적이었어요."

"그렇게 합시다! 사실은 저도 이번 소송을 준비하면서 마음이 많이 무거

웠어요. 끝까지 우리 신념을 고집하는 것이 과연 옳은 일인지 의문도 생겼고요. 우리가 너무 어른스럽지 못했던 것 같네요."

"맞아요. 아이들이 우리보다 낫네요. 등교 거부도 사실 아이들은 원하지 않았던 건데 우리가 억지로 시켰잖아요. 아이들이 진짜로 원하는 게 뭔지 우리는 몰랐던 거예요."

"이제야 우리 모두의 이익, 공동의 이익을 위한 것이 무엇인지 알게 됐어요. 사회적인 약자를 돌보는 것이 우리 모두가 할 일인 것 같아요. 어느 개인이나 한 가족, 한 지역 주민들만을 위한 것은 공동의 이익이 아니지요. 우리가 그동안 생각이 짧았어요."

"장애인들이 항상 우리의 도움을 필요로만 하는 사람들은 아닌가 봐요. 오히려 우리가 도움받을 때도 있다는 걸 왜 몰랐을까요? 혜성학교가 들어오면 무조건 피해를 입을 거라고만 생각했던 게 부끄럽네요."

– 《토크빌이 들려주는 민주주의 이야기》 중에서

생각 쓰기

아비투어
철학 논술

예시 답안

① 토크빌은 프랑스에서 태어나 법학을 공부하고 미국의 민주주의에 관한 중요한 책을 저술하였다.

② 토크빌은 지방자치, 자발적인 결사체, 배심원 제도 등이 미국의 민주주의를 발전시켜 주었다고 보았다.

③ 토크빌은, 사람들이 희생을 필요로 하고 유지하기 힘든 자유보다는 평등을 더 좋아한다고 생각한 반면, 평등은 사람을 수동적으로 만들거나, 자기중심적으로 만들 수 있기 때문에 그것이 항상 좋은 것은 아니라고 보았다.

④ 토크빌은 민주주의에서 언론이 국민을 마음대로 좌지우지하는 권력이 될 수도 있다고 경고하였다.

주 제 탐 구 **01**강 민주주의의 기본 원리

case 1   민주 사회는 그 사회 구성원 모두가 자발적으로 사회 전반의 문제에 대해 논의하고 나아갈 방향을 제시하는 방식으로 유지된다. 글에 나타난 반상회는 민주주의의 기본 원리를 보여 준다. 마을 주민들은 자신의 마을과 관련된 다양한 일들을 논의하고자 반상회에 자발적으로 참여하고 있다. 그리고 마을 주민들이 잘못된 점을 서로 지적하고, 마을을 발전시키기 위해 다른 사람의 동의를 얻어 가는 의사 결정 과정은 민주주의의 원리를 보여 준다.

혜성학교 설립에 반대하는 이유는 우선 장애 시설이 들어오면 집값이 떨어진다고 생각하기 때문이다. 그래서 그 시설이 굳이 자신의 동네에 들어올 필요가 없다는 것이다. 또 민주주의는 다수결의 원칙에 따르는 것이므로 소수인 장애 아들에 비해 다수인 일반 어린이의 입장에서 볼 때 장애 시설이 필요 없다는 것이다.

반면 학교 설립을 찬성하는 이유는 소수이지만 마을의 장애아를 위해서는 꼭 필요한 시설이기 때문이다. 그리고 소수와 약자를 배려하는 것이 진정한 민주주의라는 입장에서 장애 시설 설립을 찬성하고 있다.

민주 사회에서는 누구나 자신의 자유를 추구한다. 장애 시설 설립을 반대하는 것도 자유이고, 찬성하는 것도 자유이다. 그러나 소수라고 해서 다른 사람의 권리를 인정하는 평등을 인정하지 않는다면, 자유는 다수의 횡포가 될 수도 있다.

진정한 민주주의는 공공의 이익을 생각하는 것이다. 그러나 이러한 민주주의는 쉽게 정착되는 것이 아니다. 참된 민주주의를 완성하려면 사람들의 인식이 바뀌어야 하고, 이것이 계속해서 이어져야 한다. 시민사회는 이러한 마음의 사회 규율과 전통을 만들어 가는 역할을 한다.

시민사회란 국가와 시민 사이를 이어 주는 사회집단으로, 국가의 독재나 개인주의가 가져올 수 있는 나쁜 점을 막아 주는 역할을 한다. 따라서 시민사회는 민주주의를 유지해 주는 사회 문화적인 기반이라고 할 수 있다. 그리고 시민사회 속에서 우리는 각자의 역할을 다하여 공동의 이익을 추구하는 구성원이 되어야 한다. 이러한 시민사회가 있을 때 우리는 최대한 모든 사람의 복지와 행복이 보장되는 민주주의 사회로 나아갈 수 있다.

case 1

혜성학교 설립과 관련하여 마을 주민들의 입장이 찬반으로 갈려 서로 다투고 있다. 민주주의는 이러한 대립을 보통 다수결의 원칙으로 해결하려고 하지만 공공의 이익과 관련된 경우, 대립의 근본적인 문제를 해결하지 못하는 경우가 발생할 수도 있다. 왜냐하면 찬성했던 소수의 사람들도 공공의 이익과 관련된 사람들이고, 이들이 자신의 입장을 굽히지 않을 경우 문제는 더 악화될 수 있기 때문이다. 또한 다수가 소수의 다른 견해를 가진 사람들의 권리와 입장을 무시할 경우, 더 큰 대립을 낳을 수도 있다.

그러므로 이와 같은 다수결 원칙의 문제점을 해결하기 위한 방법은 투표로 결정하여야 할 문제에 이해관계를 갖는 사람들이 모여 서로 자신들의 의견을 자유롭게 교환함으로써 공통 의견을 이끌어 내는 것이다. 보통 '어떠어떠한 청문회'가 바로 그것이다. 토론이 자유롭게 진행되어 결론이 나왔다면, 자유롭고 진지하게 진행된 토론과정에서 이미 소수의견을 배려하게 되므로 다수결 원칙의 문제점은 해결될 수 있다고 본다.

case 2

글 ㉮는 민주주의 사회에서 사람들은 이기적으로 자신의 재산이나 행복만을 추구한다고 이야기하고 있다. 사람들이 모두 이러한 태도를 가질 경우, 진정한 공공의 이익은 얻기 힘들다.

공공의 이익은 글 ㉯에서처럼 이기심을 버리고 다른 사람도 나와 똑같은 평등과 자유가 있다고 인정할 때, 그리고 사회적 약자를 배려할 때 얻을 수 있는 것이다.

논술 답안 쓰기

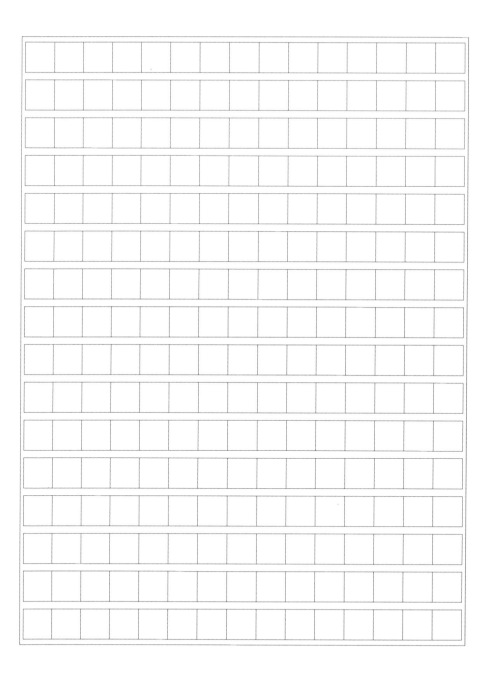

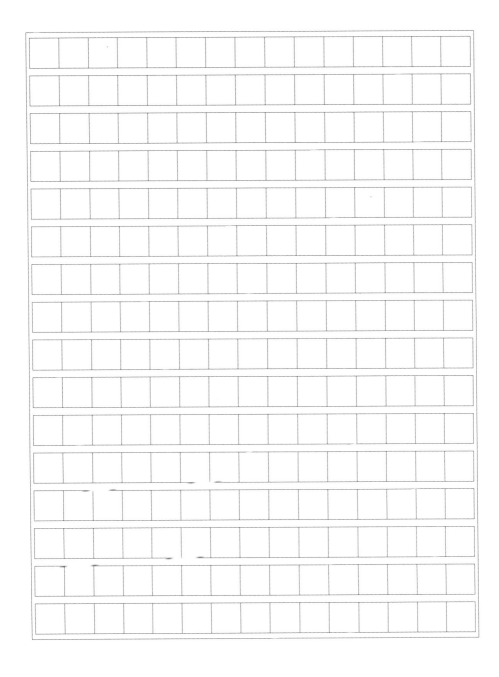